ACONTECEU,

VIROU POESIA

Aconteceu, virou poesia.
Eduardo de Paula Barreto

ACONTECEU, VIROU POESIA

Eduardo de Paula Barreto

Edição 1
São Paulo – SP
Janeiro de 2022.

Número de páginas: 210
Edição: 1 (Janeiro de 2022)
Formato: A5
Coloração: Preto e branco
Tipo de papel: Offset 75g

Aconteceu, virou poesia.
Eduardo de Paula Barreto

Este livro é dedicado aos verdadeiros cidadãos de bem, ou seja, àquelas pessoas que querem um mundo melhor, com mais amor, respeito, tolerância, compreensão, valorização da ciência e do convívio harmonioso entre todos, independentemente de crença, raça, cor, origem, cultura, costumes e maneira de pensar.

PREFÁCIO

O que acontece ao meu redor, me provoca, e provocado me sinto compelido a reagir utilizando a poesia como instrumento.
Às vezes a minha poesia é chicote que rasga as costas daqueles que causaram indignação, outras vezes, é pluma que acaricia quem desperta doces emoções.

Não fico em cima do muro, por isso deixo claro o meu desprezo pelo bolsonarismo e seus efeitos nefastos.
A pandemia de COVID-19 também tornou-se fonte de inspiração de poesias contundentes.

Assim sigo reagindo a tudo o que percebo, se estou certo ou errado, não sei, só sei que tenho a tranquilidade de saber que não me omiti.

Boa leitura.

Forte abraço,

Eduardo de Paula Barreto
São Paulo - SP
Janeiro de 2022.

Aconteceu, virou poesia.
Eduardo de Paula Barreto

SUMÁRIO

PRAGAS
02/12/2019

Não odeio as ervas daninhas
Quero que cresçam e assim
Deixem a terra verdinha
Mas não as quero em meu jardim
Porque nele cultivo flores
Que me oferecem olores
E beleza sem fim
Então no jardim da minha vida
Quem ervas daninhas cultiva
Que as cultive longe de mim.

Caminho nos canteiros
Removendo as ervas do mal
Arranco brotos traiçoeiros
E mudas de falsa moral
Retiro as ervas de hipocrisia
E de promessas vazias
Que tornam a terra seca
Impedindo que plantas do bem
Cresçam e embelezem além
Dos limites das cercas.

Para que as ervas das virtudes
Floresçam me fazendo feliz
Eu sempre tomo a atitude
De cortar o mal pela raiz
Porque todo jardim é finito
Por isso quero vê-lo bonito

Como resultado da boa lavra
Então serei diligente
Para que minhas sementes
Sejam imunes a pragas.

AMANHÃ
08/12/2019

Desponta mais um final de ano
É hora de semear planos
Para o novo tempo que se anuncia
E de avaliar as experiências
Que trouxeram à minha existência
Momentos de dor e alegria.

Escorreram lágrimas de emoção
Que fizeram o meu coração
Palpitar repleto de euforia
Mas também brotaram lágrimas
Que rolaram cálidas
Impregnadas de agonia.

Conheci pessoas tão abnegadas
Que tornaram menos pesada
A cruz das minhas aflições
E até mesmo aquelas pessoas
Que pareceram não ser boas
Também me trouxeram lições.

Recebi afagos caucasianos
Negros afagos africanos
E de outras tantas gentes
E todos produziram o calor
Que surge na usina do amor
Que o corpo mortal transcende.

Sinto-me como lagarta no casulo
Ansiosa para desvendar o futuro
Que está do lado de fora
Esperando que como borboleta
Eu voe e faça a colheita
Do ano que vai embora.

O ano velho se dissipa
No tempo e nele fica
Guardado como lembrança
Para que possa nascer
O novo ano e assim encher
Esse meu peito de esperança.

PRESENTE IMAGINÁRIO
18/12/2019

Atmosfera de amor nas cidades
Presépios e enfeites reluzentes
Pessoas acomodando a felicidade
Em lindos pacotes de presente
Que trocam com a intenção
De alegrar o coração
De quem as mãos ergue
Esperando que tal amor
Dure mais do que a cor
Do pinheirinho verde.

Quando o verde da árvore se vai
É porque ela não foi bem cuidada
E quando o amor se esvai
É porque sua raiz foi cortada
E sem raiz não há sentimento
Que sobreviva ao tempo
E volte a florescer
Porque o amor malnutrido
Mesmo num pacote bonito
Não é presente que se dê.

Que neste Natal a gente consiga
Dar um presente especial
Que valha para toda a vida
Indo muito além do Natal
Basta que acomodemos
Todo bem que queremos

Que aconteça conosco
Num pacote imaginário
E com um gesto solidário
O ofereçamos aos outros.

BRASIL COLÔNIA
23/12/2019

De tanto me indignar
Diante dos desmandos
Não posso mais chorar
Secaram os meus prantos
Engulo meus soluços
E calado me debruço
Sobre os meus joelhos
Que ouvem meus sussurros
E no abrigo do escuro
Me servem de travesseiro.

O Brasil voltou a ser colônia
Nossa soberania virou frangalhos
Decretaram a morte da Amazônia
E da dignidade do trabalho
Deram voz à intolerância
E transformaram a ignorância
Em política governamental
Para que as elites privilegiadas
Continuem a ser alimentadas
Com a desigualdade social.

Fizeram do conservadorismo
Fogueira da santa inquisição
Para com falso moralismo
Queimar quem tem outra visão
Para que impere a ideologia
Que divide, exclui e contagia

Aconteceu, virou poesia.
Eduardo de Paula Barreto

Quem tem fragilidade intelectual
E que por isso se torna refém
Dos pseudocidadãos de bem
Que integram o exército do mal.

AS LAGARTAS
05/01/2020

As lagartas são felizes
Porque creem que vivem
Em constante metamorfose
E que cada novo tempo
É chance de renascimento
Para elas não existe morte.

As lagartas são otimistas
Porque acreditam que a vida
É dividida em casulos
Que as separam do passado
Para torná-las seres alados
Que voam para o futuro.

As lagartas são desapegadas
Desapegam até da própria casa
Quando a metamorfose chega
Dando ao casulo um novo sentido
Ao transformá-lo em tecido
Feito com fios de seda.

Todos somos lagartas
E em cada nova etapa
Nos metamorfoseamos
Até que por derradeiro
Deixemos de ser hospedeiros
Do espírito que abrigamos.

AS FORÇAS DO MAL
19/01/2020

Devagar o mal se instala
Tendo o ódio como aliado
Que cava aos poucos a vala
Na qual o bem é enterrado
Mas que por ser semente
Brota novamente
Emergindo da terra
Com as forças renovadas
Para empunhar a espada
Na próxima guerra.

Quando o mal mata o bem
Queimando-o para que desapareça
Ele como cinza vai ao além
E caindo fertiliza a natureza
Fazendo brotar do solo
O bem que foi morto
Na guerra anterior
E assim o bem ressurge
E mais disposto se insurge
Contra o seu opressor.

Quando o ente mais cruel
Sepulta o bem em águas profundas
Faz dele gotículas no céu
Que caem tornando a terra fecunda
Fazendo com que dela renasçam
As forças do bem que se entrelaçam

Formando um exército vigoroso
Que derrota todo o mal
Porque o bem no final
Sempre sai vitorioso.

APOTEOSE
27/01/2020

Vai começar o carnaval
Todos põem seus adereços
E buscam o tom ideal
Para cantar o samba enredo
E em cima do carro alegórico
O Presidente estrambólico
Vestindo um traje esquisito
Exibe armas de guerra
E atira contra a galera
Que morre gritando: 'Mito'.

Então surge outro carro
Trazendo como alegoria
Um juiz como espantalho
Que deixou de ser fantasia
Para espantar da sociedade
A crença na imparcialidade
Que deveria embasar a justiça
Que virou um mecanismo
Para transformar em ministro
Um juiz cheio de cobiça.

Como base para o samba
Brilha a alegre bateria
Mas logo desanda
Prejudicando a harmonia
E o economista carnavalesco
Que prometeu um nababesco

Carnaval aos brasileiros
Admite que mentiu
Só para doar o Brasil
Ao capital estrangeiro.

Assim o Carnaval termina
Com a porta-bandeira
Colocando lá em cima
A bandeira brasileira
Que rompe a hipnose
E transforma a apoteose
Numa reunião política
E os que foram enganados
Deixam o circo de lado
E tomam posse da avenida.

VENTO DA MUDANÇA
30/01/2020

Que o vento da mudança
Leve embora a desesperança
E traga sementes de fé
Que arraste o egoísmo
E disperse o altruísmo
Como fumaça de chaminé.

Que varra das despedidas
As tristes lágrimas caídas
Que encharcam os ombros
E que como tempestade
Dissipe toda a saudade
Promovendo reencontros.

Que assopre o bem-estar
Aonde não encontrar
Saúde e disposição
E que sussurre em cada ouvido
Os verbetes mais bonitos
Que produzam emoção.

Que leve embora a falsidade
E traga a essência da verdade
Fortalecendo a confiança
Para que aqueles que cresceram
Descubram que não perderam
A pureza das crianças.

Que o vento leve embora
Tudo pelo que se chora
Tudo o que nos causa dor
E que traga novos tempos
Porque é função do vento
Varrer o tempo que passou.

ESTAFETAS DIABÓLICOS
02/02/2020

O mundo acabou
Começou o julgamento
E o capeta logo chegou
Trazendo um documento
Que continha uma enorme
Lista exibindo os nomes
De vendedores de alma
Então perguntou a Deus:
Já posso levar os meus?
Deus disse: Vá com calma!

Por questão de hierarquia
Deus fez sua seleção primeiro
E descreveu o que daria
Para cada um dos seus herdeiros
E ao ler os nomes da lista
Deixou a multidão aflita
Porque ninguém entendeu
Ao ouvir que vários nomes lidos
Pertenciam aos filhos
Que se declaravam ateus.

Eles receberam suas heranças
Porque foram pessoas sinceras
Que praticaram as bem-aventuranças
Mesmo não acreditando nelas
E com outros filhos dignos
Foram desfrutar do paraíso

Formando uma família eterna
Então Deus liberou o demônio
Para tomar posse do patrimônio
Que havia negociado na Terra.

A fila era gigantesca
Cheia de gente importante
Tinha desde adoradores da besta
Até religiosos e governantes
Que em troca de sucesso rápido
Haviam feito mil pactos
Com o impiedoso diabo
Que agora exigia o pagamento
Por ter cumprido a contento
O que fora pactuado.

O ex-juiz que virara ministro
Tentou sair pela tangente
Dizendo que foi um equívoco
Ter pedido para ser presidente
O que o colocou na posição
De concorrente do capitão
Que havia feito o mesmo pedido
E que se o diabo não teve meios
Para atender aos seus anseios
Então nada lhe era devido.

Mas não teve jeito
O ministro foi para o inferno
E pior ficou o presidente eleito

Cujo acordo chegou a bom termo
E viraram escravos do capeta
Que os colocou como estafetas
Incumbidos de propagar o mal
Para converter almas novas
Tendo como estratégia ardilosa
O uso da falsa moral.

JOIAS DO INTELECTO
21/02/2020

Aja como se hoje fosse
A véspera da última viagem
E que tivesse um alforje
Como sua única bagagem
Para poder levar consigo
Tudo o que o tornará rico
No mundo imaterial
Aonde as reais riquezas são
Os critérios de avaliação
Da sua grandeza pessoal.

Abrace quem você ama
Como se fosse o último abraço
Repouse os pés sobre a grama
Com se fosse o último passo
Saboreie cada alimento
Sem preocupar-se com o tempo
Como se fosse a última refeição
E conclua o que começou
Recomeçando de onde parou
Como se fosse a última realização.

Deixe o seu alforje repleto
De tudo o que tem valor
Acomode joias do intelecto
E das expressões de amor
Então após a última despedida
Seguirá como alma enriquecida

Com alforje cheio, mas leve
E ele o acompanhará depois
Cheio de tudo o que você foi
E vazio do que você teve.

Aconteceu, virou poesia.
Eduardo de Paula Barreto

O OVO DA SERPENTE
27/02/2020

Os ignorantes e as corporações
Pavimentaram os descaminhos
Conclamando as multidões
Para construírem um ninho
E nele botaram um ovo
Que logo ficou choco
Sob os glúteos paranoicos
Que o mantiveram quente
Até surgir a serpente
Com veneno ideológico.

A serpente já nasceu adulta
Cuspindo seus letais venenos
Ferindo as pernas da República
E revivendo antigos pesadelos
Protagonizados por ditadores
Homicidas e torturadores
Que saciavam a sua vileza
Com a morte lenta e dolorosa
Como toda serpente venenosa
Que aprecia a morte da presa.

Animal que se arrasta
Deixando rastro de destruição
E devora até os democratas
Que não apoiaram sua eclosão
E diante de tanta torpeza
O gigante amassa sua cabeça

Tentando reparar o engano
E o mata sem escrúpulos
Esperando que seu substituto
Seja menos desumano.

PANDEMIA
19/03/2020

Agem com soberba
Se sentem superiores
Discriminam a pobreza
As diferenças e as cores
Fazem das mãos
Arminhas de ficção
Que simulam tiros
Mas não podem deter
O imenso poder
De um minúsculo vírus.

Ignoram o clamor
Da sofrida natureza
Propagam o desamor
Nos púlpitos das igrejas
E consideram a mulher
Um ser inferior qualquer
Útil só para o prazer
Mas não conseguem superar
A força capaz de matar
De algo que não se vê.

Salta fronteiras a pandemia
Que mata sem preconceitos
E sem escolher a ideologia
Que todos abrigam no peito
Não faz distinção de pessoas
Não sente dó nem perdoa

Quem implora por clemência
E nós só seremos imunes
Ao mal que agora nos pune
Se superarmos nossas diferenças.

O DRAGÃO
28//03/2020

Desafiar a doença
É desrespeito à saúde
E ter cega obediência
Nem sempre é virtude
Porque o faminto dragão
Ordena que deixem a reclusão
Aqueles que se protegem
Para que assim consiga
Encher sua barriga
Com aqueles que o obedecem.

O dragão é cruel carrasco
Que mata quem beija o rosto
E que esmaga quem dá abraços
Multiplicando-se nos perdigotos
Também consome todo o ar
Impedindo de respirar
Os inocentes hospedeiros
Que morrem vitimados
Pela armadilha do contato
Tão caro aos brasileiros.

O dragão tem o seu poder
Restrito a poucos anos
Mas basta alguém o obedecer
Para serem infinitos os danos
Então agora só nos resta
Matar de fome essa besta

Antes que crie asas
E a arma que todos temos
É simples, basta que fiquemos
Reclusos em nossas casas.

UM APELO
20/04/2020

Alguém aí teria
Lagrimas para me emprestar?
É que as que eu tinha
Acabaram de secar
Também peço que emprestem
Aqueles soluços que parecem
Que vão nos explodir
É que devido aos prantos
Eu solucei tanto
Que sem querer os engoli.

Tenho sofrido de indignação
E de perda de paciência
Porque a ideologia e a religião
Têm se sobreposto à ciência
Fazendo com que o conhecimento
Dê lugar aos argumentos
Baseados no abstracionismo
Que inibe o senso crítico
Que é o maior requisito
Para não cairmos no abismo.

Alguém me empreste bálsamo
Para sarar as dores que sinto
Quando vejo seres bárbaros
Cultuando o AI-5
E pedindo a destruição
Dos fundamentos da Constituição

E dos alicerces da Democracia
Preciso que emprestem também
A crença de que pessoa de bem
Signifique gente com sabedoria.

Mas se você tiver grandeza
E me emprestar o que peço
Lhe darei o que a tristeza
Não eliminou do meu peito
Mas não precisará me devolver
Porque o que tenho para oferecer
Se multiplica ao ser doado
Então receba a minha esperança
De que desfrutaremos da bonança
Quando toda essa dor tiver passado.

SINCEROS VOTOS
23/04/2020

Não ouça a OMS
Ouça o que Bolsonaro diz
Acabe logo com esse estresse
Vá pra rua pra ser feliz
Abrace seus amigos
Porque o que tem ouvido
É tudo bobagem
E você encontrará conforto
São esses os sinceros votos
Da Funerária 'Boa Viagem'.

Tire a máscara do rosto
Jogue fora o álcool gel
Compartilhe perdigotos
Faça festa e coquetel
Não dê bola aos jornalistas
Chame-os de comunistas
E nas missas reze os Salmos
Pra tornar-se santo devoto
São esses os sinceros votos
Do Cemitério 'Sete Palmos'.

Considere tudo uma conspiração
Pra derrubar o Presidente eleito
Que foi escolhido por inspiração
Por ser um homem quase perfeito
Que tem a alma mais pura
O que faz dele a única criatura

Aconteceu, virou poesia.
Eduardo de Paula Barreto

Com dignidade e preparo
Pra tirar o Brasil do sufoco
São esses os sinceros votos
Da família Bolsonaro.

ISOLAMENTO SOCIAL
02/05/2020

A insensatez e a ignorância
Matam mais do que as pragas
Esvaziando a esperança
E enchendo as valas
Com sementes de sofrimento
Que brotam no confinamento
De quem na praga acredita
Por isso a morte é injusta
Não contra quem a busca
Mas contra quem fica.

O sucesso do isolamento social
É o seu maior adversário
Porque quando controla o mal
Parece ser desnecessário
Mas antes julgá-lo tolice
Podendo correr livre
Por estar cheio de saúde
Do que ter a dúvida
Como companheira única
Na solidão do ataúde.

Coloque-se no lugar daqueles
Que vertem lágrimas de despedida
E verá que a dor que ao outro fere
Não é mera estatística
Porque quando somos espectadores
Das outras doídas dores

Não contamos as lágrimas caídas
E só entendemos a dor alheia
Quando deixamos de ser plateia
E viramos protagonistas.

AUTODEGREDO
16/05/2020

No autodegredo está o remédio
Contra o mal que nos consome
Nele o rico sente tédio
Enquanto o pobre sente fome
E tem que escolher
Entre jejuar sem querer
Ou enfrentar o inimigo
Que fica do lado de fora
Paciente esperando a hora
De invadir os corpos famintos.

Cai o índice de isolamento
Aumenta o número de óbitos
Tornando maior o desalento
Nos que choram seus mortos
E que são proibidos
De abraçar os entes queridos
Que eternamente dormem
E passam a apoiar tais medidas
Quando os que eram estatística
Se tornam indivíduos com nome.

A arma do algoz
É a invisibilidade
E a distância entre nós
É a sua vulnerabilidade
Portanto tomemos os abraços
Beijos e também os passos

E os guardemos no degredo
E assim o amor acumulado
Em breve será compartilhado
Sem limitações nem medo.

PÍFAROS
22/05/2020

Encha o seu coração
Com tudo o que é bom
Faça dele um Santo Graal
Que transborde amor
Para que em seu interior
Não haja espaço para o mal.

Cultive sentimentos nobres
Como se seu coração fosse
Um imenso jardim
E nele ao invés de pássaros
Ouvirá afinados pífaros
Tocados por querubins.

Exercite a empatia
Para tratar sua companhia
Como trata a si próprio
E assim estará sendo fiel
À mais bela regra do céu
Que nos manda amar o próximo.

Na natureza se inspire
E como se fosse arco-íris
Brilhe ao fim das tempestades
Estimulando quem busca
Sobrepujar as labutas
Que antecedem a felicidade.

A ARMADILHA
04/06/2020

Domingo haverá manifestação
Bolsominions vão se infiltrar
Para promover a destruição
Justificando o golpe militar
Como tentativa desesperada
De fazer das Forças Armadas
Cúmplices de uma armadilha
Para proteger os Bolsonaros
E assim perpetuá-los
Como ditadores em Brasília.

O chefe da gangue
Como líder de milícias
Anseia ver sangue
Oriundo das sevícias
Aplicadas contra
O povo que se levanta
Contra o regime de morte
Instituído por um ser vil
Que quer fazer do Brasil
Uma Coreia do Norte.

Na iminência de um golpe
Resta-nos a esperança
De que o TSE se importe
E aja com intolerância
Contra os mal-intencionados
Que querem trazer do passado

Os monstros da opressão
E para isto basta
Que cassem a chapa
Bolsonaro-Mourão.

PEREGRINO SEM RUMO
19/06/2020

Barco à deriva
Disparo a esmo
Régua sem medida
Balança sem peso
Fio sem prumo
Peregrino sem rumo
Planta sem raiz
Bússola sem ponteiro
É assim que como brasileiro
Me sinto em meu País.

Tire a venda da minha cegueira
Tire o peso da minha cerviz
Tire o tampão das minhas orelhas
Desobstrua o meu nariz
E tire da minha boca
A mordaça que sufoca
A minha expressão
E solte essas amarras
Que impedem que palavras
Eu traduza com as mãos.

Deixe-me respirar
O ar da liberdade
Ouvir e poder falar
Sem temer arbitrariedades
E fazer do meu arbítrio
Escada para o espírito

Que habita o meu corpo
Da liberdade não me prive
Porque quem não é livre
É como se estivesse morto.

Que habita o meu corpo
Da liberdade não me prive
Porque quem não é livre

O IMPÉRIO DO MAL
26/06/2020

Enquanto o povo
Pede socorro
O insensível deleita-se
Como aquele psicopata
Que enquanto mata
Entra em êxtase.

Em meio à pandemia
Surge o mestre em alquimia
Manipulando com malícia
Conceitos rudimentares
Para transformar os militares
Em integrantes de milícias.

Seu sonho como alquimista
É tornar-se o fascista
Mais poderoso do Planeta
Com as Forças Armadas
Mantendo a Nação subjugada
Com a ponta das baionetas.

Ele quer limitar os direitos
Para governar sem ser eleito
E calar os justos gritos
Até que morra de velhice
E em seus filhos eternize
O império do anticristo.

A MINHA BANDEIRA
14/07/2020

O branco da paz que se espera
O azul do céu e dos rios
O amarelo das riquezas da terra
E o verde das matas do Brasil
São banhados pelo suor
Que lava o meu temor
E desperta a alma guerreira
Me fazendo lutar sem medo
Tendo sobre o meu peito
A armadura da bandeira.

Ordem e progresso como lema
Democracia como sistema político
E como vigésima oitava estrela
O direito ao pensamento crítico
E o mastro como espada
Para defender a Pátria amada
Contra os traidores
Que de camisas amarelas
Gritam do alto das janelas:
'Que voltem os ditadores'.

Da minha bandeira faço manto
Da liberdade faço razão de viver
E para ser livre suporto o pranto
Lutando sem medo de morrer
E rompo os grilhões
Das ideologias e tradições

Que prendem minhas mãos
Impedindo que eu hasteie
A bandeira e assim peleie
Pela minha evolução.

VERSOS AMARGOS
20/07/2020

Lanço à folha estas letras
E sem medo de ser piegas
Me entrego à criatividade
Mas a inspiração me foge
E o ontem se torna hoje
Trazendo de volta a saudade.

A saudade que inunda o presente
Cria uma nuvem em minha frente
Deixando o ambiente tão escuro
Que me vejo condicionado
A abordar o amor no passado
E omiti-lo nos versos do futuro.

Mas se o amor nutre a vida
Como esperar que alguém viva
Sem amor com peito gélido
Por isso trato nesta poesia
Do amor que eu trataria
No futuro do pretérito.

Sei que eu amaria
A musa que todo dia
Cavalga em minha imaginação
Fazendo da saudade tortura
E da minha literatura
Versos amargos de solidão.

SÚDITOS SEM REI
30/07/2020

Era uma vez uma sociedade
Em que tudo era permitido
Desonestos pregavam honestidade
Imorais enalteciam o moralismo
E religiosos sem escrúpulos
Faziam da fé um escudo
Para acobertar seus pecados
Enquanto ladrões cínicos
Travestidos de políticos
Roubavam o Estado.

Havia também gente má
Fingindo ser gente de bem
Que não sabia o que é amar
Mas sabia odiar como ninguém
E que preferia a agressão
Como argumentação
Para resolver os conflitos
Fazendo da força o meio
Transformador do belo em feio
E do feio em bonito.

Lá havia pessoas tolas
Ludibriadas pelas palavras
Que saltavam da boca
De um homem que babava
Enquanto ruminava o ódio
Que nutria o ser mórbido

Que se proclamava soberano
E transformava em súditos
Quem aplaudia os estúpidos
Discursos de um insano.

Mas um dia o Rei deixou
Cair diante de todo o povo
A máscara que sempre usou
Para esconder que era louco
E por todo canto
Surgiram sofridos prantos
Que levaram muitos à morte
Porque o Rei que nunca existiu
Fez naquela terra chamada Brasil
Surgir milhões de bobos da corte.

CEM MIL
08/08/2020

Quem dera fossem cem mil motivos
Para sorrir cem mil sorrisos
Com o coração batendo forte
Quem dera fossem cem mil abraços
Cem mil beijos, cem mil amassos
Mas na verdade são cem mil mortes.

Quem dera fossem cem mil partos
Cem mil cordões bem esticados
Para receber o santo corte
Quem dera fossem cem mil berços
Cem mil chorinhos, cem mil começos
Mas na verdade são cem mil mortes.

Quem dera essas cem mil vidas
Não fossem cem mil despedidas
Sem direito ao último adeus
Mas é certo que os que se foram
Trocaram o abraço dos que choram
Por cem mil abraços de Deus.

OUTRAS PIPAS
31/08/2020

Ao invés de empinar pipa
Determinando o seu caminho
Prefiro a sensação que fica
Quando empino passarinhos
Que voam sem depender
De linhas para poder
Planar sobre as cidades
Eu empino pássaros livres
Porque em mim reside
O apreço pela liberdade.

Ao invés de fechar os olhos
Para ter sonhos bonitos
Da janela abro o ferrolho
E admiro o infinito
E de um imaginário carretel
Estico uma linha no céu
Até de vista perdê-la
Porque na ausência de pássaros
Eu me lanço no espaço
Empinando as estrelas.

Ao invés de ficar
Deitado na fria cama
Sonhando em amar
Alguém que não me ama
Solto a linha imaginária
Que na noite solitária

Lá no céu flutua
E eu cheio de emoção
Fingindo ter linha na mão
Fico empinando a Lua.

Ao invés de reclamar
Porque a Lua foi embora
Logo ao acordar
Vou correndo para fora
E com caquinhos de luz
Cubro a linha que reluz
E corta como cerol
Todas as limitações
Que inibem minhas ilusões
É quando eu empino o Sol.

O MEU TEMPLO
01/09/2020

As igrejas vazias
Me fazem enorme bem
Pois nelas em harmonia
Estão as forças do além
Que me invadem
Produzindo milagres
Curando minhas aflições
Sinto a presença de Deus
Nas igrejas onde eu
Não encontro multidões.

Deus se faz presente
No templo da natureza
Quando no campo silente
Vejo a Sua grandeza
Espalhada nos jardins
Nas flores e jasmins
Disfarçada de aroma
E tal templo é santo
Por não ter bancos
Paredes nem redomas.

Encontro Deus no silêncio
De qualquer lugar
Sempre que exerço
O dom de escutar
A voz da intuição
Que toca meu coração

Me trazendo alento
E assim sigo com a fé
De que esses meus pés
Conduzem o meu templo.

DISCRETOS CÚMPLICES
04/09/2020

Então ficamos a sós
Com a mudez do criado
Com a cumplicidade dos lençóis
Com a conivência dos tacos
Com a discrição das cortinas
Que penduradas lá em cima
Viram-se de costas
Para a chave cheia de segredos
Que para garantir-nos sossego
Apressada fecha a porta.

As paredes se dão os braços
Criando uma redoma
E saltam dos pequenos frascos
Gotículas ricas em aromas
Perfumando o quarto inteiro
E os inseparáveis travesseiros
Se jogam no chão
Enquanto imploram às lâmpadas
Que demonstrem ser românticas
Dando lugar à escuridão.

Até as molas do colchão
Chegam ao consenso
De que barulho não é bom
Então fazem voto de silêncio
Para que só sussurros
Sejam ouvidos no escuro

Enquanto a gente se ama
Mas as maiores testemunhas
São as marcas que nossas unhas
Deixam na cabeceira da cama.

LÁBIOS ÁRIDOS
06/09/2020

Quando os seus lábios
Estiverem áridos
Fazendo com que sofra
Cruze as dunas do amor
E venha provar o frescor
Do oásis da minha boca.

Caminhe sob a luz da lua
Até vencer as densas dunas
Contando grãos da areia fofa
E para cada grão contado
Haverá um beijo guardado
No oásis da minha boca.

Se suas lágrimas rolarem
E assim deixarem
A sua saliva salobra
Venha mergulhar comigo
Para ter o sal diluído
No oásis da minha boca.

O meu oásis é o mais profundo
De todos os oásis do mundo
E para que ele se extravase
Quando sentir-se fumegante
Mergulhe em mim e cante
Como a sereia do meu oásis.

DIVINOS DONS
10/09/2020

Os dons são presentes celestiais
Que estão na essência dos milagres
Eles garantem habilidades especiais
Mas não determinam o caráter
Grandes oradores da história
Usaram o dom da oratória
Para manter o povo submisso
Assim como muitos curadores
Usaram o poder de sarar as dores
Em troca de benefícios.

São-nos dados os dons Divinos
Para que possamos servir
Tendo a paz de espírito
Como único lucro a auferir
E Deus lança as sementes
Dos dons na mente
Dos seus herdeiros
Mas se elas florescem
Ou apodrecem
Depende dos jardineiros.

Não somos donos
Das habilidades que temos
Somos apenas mordomos
Das dádivas que recebemos
Mas os dons por si sós
Não tornam ninguém melhor

Nem representam superioridade
Eles só têm real valor
Quando praticados por amor
E associados à dignidade.

LUMINÂNCIA
18/09/2020

O seu amor me fere
Me condena à solidão
Queima a minha pele
E ofusca minha visão
Seu amor é como o Sol
Que passa o dia todo só
Como insensível amante
E só aceita o meu amor
Quando diluído no suor
Evapora bem distante.

O seu amor me desperta
Quando na noite flutua
Através da janela aberta
Misturado aos raios da lua
E sem cerimônia
Me causa insônia
E me inspira romances
Mas só aceita o meu amor
Quando como observador
A contemplo distante.

O seu amor me pune
E deixa enormes sequelas
Quando usando o seu lume
Pisca como as estrelas
E atrai o meu olhar
Só para me provocar

Com a sua luminância
O seu amor é cruel
Porque se esconde no céu
E só existe a distância.

NOSSAS CARÊNCIAS
20/09/2020

A moça chora em frente ao palco
Por não saber dançar balé
Pior seria ter os pés descalços
Ou quem sabe nem ter pés
Ao invés de ser grata
Pelas bênçãos alcançadas
Ao longo da sua vida
Ela prefere trocar
A realidade que pode tocar
Pela ilusão das expectativas.

Costumo dizer que tudo está bem
Porque poderia estar bem pior
Falta-nos aquilo que a gente não tem
Mas o que temos deixa a carência menor
E nem tudo o que nos falta
Trata-se de algo que exalta
As nossas almas que precisam
De coisas que não vemos
E que nem percebemos
Mas que nos edificam.

Pouca importância damos
Às bênçãos da existência
Porque sempre estamos
Concentrados nas carências
E confundimos felicidade
Com a satisfação das necessidades

Do nosso corpo físico
Mas a felicidade que queremos
Não é nada mais nada menos
Que um estado de espírito.

VIREI BANDIDO
27/09/2020

Cedi aos apelos do mundo
Quando me vi no profundo
Poço das desilusões
Entrei para a vida do crime
Tornei-me bandido que oprime
Todas as quatro estações.

Na manhã num assalto
Gritei: Folhas ao alto!
E agindo como besta fera
Sem nenhuma compaixão
Com uma tesoura na mão
Roubei as flores da primavera.

Na quente tarde na praia
Gritei: Que todo mundo saia!
E agindo como Lampião
Sem nenhuma piedade
Transbordando crueldade
Roubei o calor do verão.

Na noite de lua cheia
Gritei com ardor nas veias:
Parem com esses beijos tolos!
E só dei fim à ardência
Quando sem clemência
Roubei o romantismo do outono.

Na madrugada congelante
Gritei: Afastem-se amantes
E cessem esses abraços ternos!
E para impedir novos abraços
Sem dó nem embaraço
Roubei o frio do inverno.

Então reguei as muitas flores
Da primavera com os suores
Que o calor do verão provocava
E apesar de todo o romantismo
Que do outono roubei destemido
Elas viraram pétalas ressecadas.

Mas o frio do inverno que roubei
Congelou as lágrimas que chorei
Transformando-as em espada
Que transfixou o meu coração
E morri no poço da desilusão
Antes tivesse roubado uma escada.

O PASTOR E O ATEU
05/10/2020

O pastor de nariz empinado
Julgava que já estava salvo
Por ter sido batizado
E por recitar os salmos
Porque ele tinha a Bíblia
Na ponta da língua
Para os proselitismos
Que eram a fonte
Dos montantes
Vindos dos dízimos.

Ele costumava se gabar
De amar o próximo sem distinção
Mas o próximo para ele amar
Tinha que ser da mesma religião
E até fazia caridade
Se com publicidade
Divulgasse sua igreja
E como moralista só de boca
Falava uma coisa mas fazia outra
Deixando o diabo com inveja.

O motorista de aplicativo
Que sempre foi ateu
Dirigia seu carro tranquilo
Sem dizer: 'Graças a Deus'
Mas tinha bom coração
E tratava como irmãos

Todos ao seu redor
Fazia o bem simplesmente
Porque ficava contente
Ao distribuir amor.

Certo dia depois do culto
O pastor chamou um Uber
E o ateu em minutos
Terminou o seu hambúrguer
Para atender o cliente
Que impacientemente
O aguardava no portão
E assim que chegou
O pastor se acomodou
E começou a pregação.

O ateu com gentileza
Compartilhou a sua visão
E o pastor com aspereza
Lançou-lhe uma maldição
E sua atitude agressiva
Desconcentrou o motorista
Que bateu o veículo
E de repente se viram
Flutuando e descobriram
Que viraram espíritos.

O pastor ao ver o Criador
Já foi logo dizendo:
Na Terra eu fui pastor

Preguei o Seu nome nos templos
Por isso com toda a urgência
Requeiro as recompensas
Para o meu bem-estar eterno
E quanto ao ateu pecador
Me dê o prazer meu Senhor
De vê-lo jogado no inferno.

O Criador então falou:
O bem-estar eterno será dado
Àquele que se dedicou
A amar mesmo sem ser amado
E a fazer o bem
Sem esperar que o Além
O recebesse como filho pródigo
Porque a verdadeira religião
Significa cultivar no coração
O genuíno amor ao próximo.

NOVAS SINAS
10/10/2020

Seja forte e lute
Sem esmorecer
E então desfrute
Do grande prazer
De sentir-se realizado
Mas se por acaso
Não obtiver sucesso
Recomece a batalha
Porque fracassa e falha
Quem teme os recomeços.

Prepare-se para a competição
Mantenha o foco em vencer
Mas exercite a resignação
Porque o ego não sabe perder
E como hábito diário
Enfrente os adversários
Sem render-se ao medo
Mas para ser vencedor
Digno de glória e louvor
Supere a si mesmo.

A vida é um teatro
Cheio de cortinas
Que a cada ato
Revelam novas sinas
Que exigem de você
Talento para poder

Superar-se no palco
E é a autossuperação
Que enche de emoção
Os calorosos aplausos.

PARCEIROS
12/10/2020

Tire-me da parede fria
Que congela as entranhas
E alivie a asfixia
Dessas teias de aranha
Que me mantêm fechado
Com os braços grudados
Sufocando minha essência
Que se divide em pedaços
E que precisa de espaço
Para voar na consciência.

Abra as minhas asas
Para você poder voar
E absorva minhas palavras
Para você saber falar
Sobre coisas deste mundo
E sobre o que é oriundo
Da imaginação humana
E me permita estar
Próximo ao se deitar
Mesmo ao lado da cama.

Explore-me sem pressa
E me permita invadir
O âmago da sua cabeça
Até fazer você dormir
Então seremos parceiros
E sobre o travesseiro

Exploraremos o infinito
E ao tocar o despertador
Você será mais que leitor
E eu serei mais que livro.

SER FELIZ
14/10/2020

A vida é tão curta
Vivemos por um triz
Por isso ninguém nunca
Deveria ser infeliz
O certo mesmo seria
A gente nascer com alegria
Sem chorar após o parto
E até as contrações
Deveriam ser sensações
De prazeres castos.

Os cortes e machucados
Das crianças pequenas
Deveriam ser desenhados
Como tatuagens de henna
E o medo do desconhecido
Deveria ser dissolvido
Sem causar apreensão
Nas crianças que crescem
Assim como acontece
Nos filmes de assombração.

As agruras da vida
Que entristecem os adultos
Deveriam ser oferecidas
Como matéria de um curso
Com aulas apenas teóricas
Em que a boa retórica

Dispensasse aulas práticas
E que todos nós aprendizes
Morrêssemos de velhice
Sem termos derramado lágrimas.

VERSOS PARA OS HIPÓCRITAS
20/10/2020

Você diz ser discípulo de Jesus
Mas vive sem fazer jus
Ao título de cristão
Se esconde atrás do manto
De homem santo
Mas peca por opção.

Repete os versículos da Bíblia
Simulando ter alma contrita
Mas orgulha-se dos seus pecados
E escarnece da religiosidade
Quando usa suas habilidades
Para deturpar o Livro Sagrado.

Diz que ama incondicionalmente
Mas demoniza os diferentes
E os expõe ao opróbrio
Prega a moralidade mas é imoral
Prega a lealdade mas é desleal
Prega o amor mas dissemina o ódio.

Você tolera os seus erros
Mas não tolera vê-los
Nas outras pessoas
Não perdoa ninguém
Mas se irrita com quem
A você não perdoa.

Ao enganar com sua retórica
Você se torna um hipócrita
Herdeiro da eterna ira
E recebe o título
De fiel discípulo
Do pai da mentira.

Ó DOR!
27/10/2020

Depois dos cinquenta
A gente acorda todo torto
Quase ninguém aguenta
Porque dói o corpo todo
É câimbra nas pernas
Estalido nas patelas
E incontáveis varizes
Dor nas articulações
Fisgada nos tendões
E horríveis cicatrizes.

É espinhela caída
Dor nos quartos
Nó nas tripas
Esporão de galo
Bico de papagaio
Tonteira, desmaio
Verruga no nariz
No peito batedeira
Na cabeça leseira
E pedra nos rins.

Quando a gente fica coroa
É tanta dor no corpo
Que cai no sono à toa
Temendo acordar morto
E toda manhã levanta
Com secura na garganta

Aconteceu, virou poesia.
Eduardo de Paula Barreto

E sente o maior alívio
Quando olha no espelho
E vê que está mais velho
Mas que ainda está vivo.

BANHO DE LUME
31/10/2020

A gente muda
A vida muda a gente
Amadurecer é fuga
Dos limites da semente
Mas se a gente não foge
A semente nos envolve
Se tornando nosso cárcere
Então não criamos broto
Não desenvolvemos tronco
E não viramos árvore.

A gente é provado
A vida prova a gente
Amadurecer é ser podado
Por jardineiros diferentes
Mas se ficamos sem poda
A nossa sombra nos rouba
O vital banho de lume
Que nos permite crescer
Até podermos oferecer
O nosso doce perfume.

A gente um dia acaba
A vida abandona a gente
Para serem renovadas
As flores do jardim que sempre
Retém as nossas pétalas
Espinhos e folhas secas

Enquanto deixa no ar
A energia que exalamos
Para que assim possamos
Eternamente perfumar.

Enquanto deixa no ar
A energia que exalamos
Para que assim possamos
Eternamente perfumar.

CINDERELA
05/11/2020

Nesta poesia está inclusa
Uma linda figura secreta
Que nem imagina ser musa
Inspiradora de um poeta
Com versos beijo sua boca
Durante a noite toda
E sob o fino lençol
Acaricio sua pele
Até que a manhã se revele
Vestindo raios de sol.

Nestas estrofes escondo
Uma figura sem nome
Não adianta não conto
Senão ela corre e some
Então que boca beijarei
E que pele acariciarei
Caso ela descubra e fuja?
Perdoe-me o segredo
Mas é que tenho medo
De virar poeta sem musa.

Nestas rimas vive oculta
A minha linda Cinderela
Confesso que sinto culpa
Por esconder isso dela
Mas prefiro que ela seja
A inspiração que enseja

Os versos desta poesia
Porque a musa amada
Como no conto de fadas
É só uma fantasia.

Os versos desta poesia
Porque a musa amada
Como no conto de fadas
É só uma fantasia.

Homenagem dedicada à minha sobrinha-neta Helena Martins Barreto.

PÉTALAS DE HELENA
11/12/2020

Da mais pura expressão de amor
Surge uma semente pequena
Que antes de tornar-se flor
Já é chamada de Helena
Que germina sendo regada
Com delicadas palavras
E doces beijos na barriga
Que a abriga até o momento
De despertar como rebento
No lindo jardim da vida.

Rolam lágrimas no rosto
Dos pais que até então
Só tinham um ao outro
Para dedicar atenção
Hernany vivia para Marília
E para Hernany Marília vivia
Dois corações como par de algemas
Mas agora tudo está diferente
Eles que se olhavam mutuamente
Hoje só têm olhos para Helena.

E eu como tio-avô
Elevo aos Céus uma prece
E peço ao Deus que a criou
Que enquanto ela cresce
A mantenha protegida
Para que pétalas coloridas
Surjam do seu coração fecundo
Para que seja considerada
A menina de alma perfumada
Que veio para perfumar o mundo.

UM BRINDE A 2020
17/12/2020

Façamos um brinde
Transbordando esperança
Ao fim de 2020
Que será só lembrança
De momentos difíceis
Que causaram horríveis
Angústias e aflições
Para que as dores sofridas
Sejam substituídas
Por doces emoções.

Que sejamos resilientes
E saibamos absorver
Das dores inclementes
Forças para nos reerguer
E começarmos de novo
Como o pequeno broto
Que se levanta da lama
Depois da inundação
E transforma a destruição
Em vigorosas ramas.

Ano velho vá embora
E leve consigo a tristeza
Que causou em quem chora
E deixe conosco a certeza
De que daqui pra frente
Tudo será diferente

Aconteceu, virou poesia.
Eduardo de Paula Barreto

E não será mais preciso
Esconder nossos lábios
Porque só haverá contágios
De contagiantes sorrisos.

NEM TANTO
20/12/2020

Não precisa ser simpático
Mas procure ser empático
Se importe um pouco mais
De que vale a simpatia
Quando falta empatia
Nas relações interpessoais?

Não precisa ser risonho
Mas o que aqui proponho
É não fazer cara de mau
Porque um olhar afável
Pode tornar memorável
Um encontro casual.

Não precisa ser o mais sincero
Espiritualizado e honesto
Nem a pessoa mais ortodoxa
Mas ao menos não seja
Um membro perfeito na igreja
Mas na vida um hipócrita.

Não precisa ser um santo
Mas para que errar tanto
De maneira consciente?
Deus nos dá o perdão
Mas os nossos erros não
Perdoam a gente.

A VINGANÇA DO CRAVO
25/12/2020

Ela chega toda fogosa
Para regar o meu jardim
Primeiro rega as várias rosas
Então não sobra água pra mim
As rosas ficam exuberantes
Cobertas por cintilantes
Gotículas nas pétalas e talos
Então choro de tristeza
Porque ela me despreza
Só porque sou um cravo.

De repente surge uma esperança
Quando a vejo abrindo o portão
Trazendo um regador que balança
Na sua delicada mão
Então volto a crer no amor
Porque se ela regar minha flor
É porque algo por mim sente
Mas quando ela se aproxima
Vejo saltando da vasilha
Borbulhas de água fervente.

Com água fervente me rega
E me derruba ao chão
Até as minhas pétalas
São pisadas sem compaixão
E misturado ao solo
Em adubo me transformo

E nutro as sementes caídas
Então ressurjo contente
Como a mais imponente
De todas as margaridas.

Logo para minha surpresa
Surge a moça sem coração
Que ao ver-me pula a cerca
E corre em minha direção
Então grudo minhas pétalas
Enquanto aquela alma gélida
Sonha com um bem me quer
Mas agora todo dia me vingo
E sempre que ela vem vindo
Eu já preparo um mal me quer.

RASTROS
27/12/2020

Fecho a passado
Viro a chave
E como ave
Salto no espaço
E bato as asas
Longe da casa
Que foi-me abrigo
Deixo as lembranças
E só esperanças
Levo comigo.

Esqueço as lágrimas
Que evaporaram
E se transformaram
Em nuvens cálidas
Cruzo tais nuvens
E em mim se confundem
Coragem e determinação
E não olho pra trás
Porque jamais
Pisarei naquele chão.

Sigo com fé
Fitando o horizonte
E só lá distante
Coloco meus pés
De novo na terra
Que sempre espera

Pelos meus passos
Porque só existo
Quando consigo
Deixar rastros.

Aconteceu, virou poesia.
Eduardo de Paula Barreto

Pelos meus passos
Porque só existo
Quando consigo

O GRANDE VIRUS
13/01/2021

As panelas se derreteram
As camisas viraram trapos
As bandeiras se esconderam
Atrás dos seus mastros
E os indignados gritos
Foram todos engolidos
Pelas gargantas secas
Que agora em segredo
Sussurram que têm medo
Das escolhas feitas.

Em meio à desgraça
Surge a pandemia
Que coloca máscaras
Nas tristes fisionomias
Das pessoas que choram
E caladas imploram
Por afeições tangíveis
Mas que são proibidas
Porque abraço e vida
Tornaram-se incompatíveis.

Com vacina combatemos a doença
Mas contra a decepção
Que dói na consciência
A vacina está na disposição
De voltarmos às ruas, vielas
Varandas e janelas

Para exigirmos a remoção
Do vírus que tem matado
Como já havia antecipado
Ao fazer arminha com a mão.

REQUENGUELA
16/01/2021

Não tome a vacina
Fica aqui o convite
Porque é mentira
Essa tal de Covid
Tudo foi inventado
Pelo esperto diabo
Que na verdade quer
Apenas transformar
Quem se vacinar
Em jacaré.

Não tome a vacina
Ela é remédio fake
Que surgiu na oficina
Do danado Bill Gates
Porque estava cansado
De ver ser pirateado
O seu sistema operacional
Por isso teve a ideia
De instalar em nossas veias
O microchip viral.

Não tome a vacina
E assim seja feliz
Tire a máscara que fica
Atrapalhando o seu nariz
Mas se você se infectar
E não conseguir respirar

Por sentir-se requenguela
Basta ir lá pro Norte
E tentar fugir da morte
Com o ar da Venezuela.

JACARÉ
22/01/2021

Vou sair nadando
Como uma raia
Mesmo que fiquem falando
Que vou morrer na praia
Com mergulhos e braçadas
Vencerei todas as águas
Que formam as marés
Serei aquele que mergulha
Sem medo de peixe-agulha
Sem medo de virar jacaré.

Só darei ouvidos
Aos conselhos das conchas
Porque sereias e outros mitos
Não me farão de trouxa
O Sol me conduzirá de dia
E a Lua será minha guia
Nas noites de mar hostil
E jamais usarei mapas
Feitos por piratas
Que navegam em fake news.

Chegarei ileso ao porto
Todo coberto de areia
Trazendo muitos anticorpos
E nenhum microchip nas veias
E assim terei estrutura
Para viver outras aventuras

No mar da minha existência
Enquanto no mar de choro
Estarão pedindo socorro
Os negacionistas da ciência.

FALSOS CRISTÃOS
26/01/2021

Dizem que são cristãos
Mas discriminam os irmãos
Que não seguem seus caminhos
Os chicoteiam com palavras
Servem vinagre em vez de água
E os ferem com coroas de espinhos.

Ainda que alardeiem gratidão
Por terem recebido a salvação
Através do sacrifício sagrado
Não são capazes de olhar
Ao redor e se importar
Com quem sofre ao seu lado.

Embora critiquem a conduta
Do desprezível Judas
Que traiu Jesus com um beijo
Mentem e enganam
Aqueles que dizem que amam
Só para satisfazerem desejos.

Se consideram discípulos de Jesus
Mas querem pendurar na cruz
Quem é considerado inimigo
Não são capazes de perdoar
Mas esperam que ao pecar
Seus pecados sejam esquecidos.

São pessoas que nas duas faces
Ostentam como disfarce
O semblante de servos de Deus
Mas que se vivessem no passado
Sem piedade teriam assinado
A placa 'Rei dos Judeus'.

São pessoas que nas duas faces
Ostentam como disfarce

BOTAS SUJAS
15/02/2021

Este aqui é o lugar
Onde o vilão militar
Se fingiu de morto
Até deixar a sepultura
Para reimplantar a ditadura
Através do voto.

De maneira sutil
Ele calçou o Brasil
Com botas sujas de lama
Para instituir a continência
Como sinal de reverência
Na sociedade paisana.

Agora no alto escalão
Militares usam as mãos
Para esconder as estrelas
Que carregam nos ombros
Pois elas causaram assombro
Em quem já pôde vê-las.

Caminhamos submissos
Rumo ao precipício
Cuja profundidade
Fará ecoar o grito
De repúdio aos milicos
E de amor à liberdade.

Homenagem dedicada ao SUS.

ESTRELAS DA EMAD
26/02/2021

A noite tornou-se escura
Até a Lua se escondeu
E vimos saltar nas alturas
Luzinhas cheias de doçura
Eram estrelas caindo do céu.

Tais estrelas se transformaram
Em pessoas cheias de virtudes
E na Terra se disfarçaram
E em minha casa entraram
Como profissionais da saúde.

Bruna e Cida trouxeram esperança
Disfarçadas de enfermeiras
E cobertas com roupas brancas
Secaram nossas lágrimas tantas
Que caiam feito cachoeira.

Viviane e Isis logo chegaram
Disfarçadas de fisioterapeutas
E para si nossas dores tomaram
Então como estrelas voltaram
Ao reino das eternas deusas.

Flávia também se apresentou
Disfarçada de nutricionista
E nossa alma alimentou
Com pão recheado de amor
E de palavras otimistas.

Edivânia, Carol e Kelly apareceram
Como técnicas de enfermagem
E num alforje trouxeram
Ternos abraços que deram
Como invisíveis bandagens.

Depois Fernanda apareceu
Disfarçada de fonoaudióloga
E sua luz nos ofereceu
Fazendo no escuro como breu
Surgir uma aura insólita.

Larisse e Talita entraram
Disfarçadas de médicas
E assim que nos tocaram
De suas mãos emanaram
O poder da cura angélica.

Edilaine chegou bem disposta
Disfarçada de assistente social
E retirou de nossas costas
As pesadas cargas impostas
Pela necessidade material.

Assim elas aliviaram
A dor da nossa aflição
E em nós despertaram
O sentimento mais caro
Manifesto como gratidão.

Quando delas sentimos saudade
Nas noites abrimos as janelas
E vemos as moças da EMAD
Brilhando na eternidade
Disfarçadas de estrelas.

HOMICIDAS
01/03/2021

São milhares e milhares de mortos
E milhares também são os homicidas
Que preferem ouvir um líder tosco
A dar ouvidos aos cientistas
Eles preferem a estupidez à razão
O ódio à compaixão
A ignorância à sabedoria
Preferem momentos de prazer
Em troca de poder viver
Por muitos e longos dias.

Além da estupidez evidente
Trazem na essência a maldade
Que emana do vil Presidente
E contagia a sociedade
Com suas torpes desvirtudes
Que conduzem quem se ilude
À dor que não há quem conforte
Porque ele encontra gozo
Ao ver o moribundo povo
Agonizando no leito de morte.

Quem ouve a voz da prudência
Se torna discípulo de Jesus
Que dedicou Sua existência
A contagiar o mundo com luz
Mas aqueles seres ignorantes
Que matam e morrem diante

Do pedestal de um falso mito
Quando já for tarde demais
Descobrirão que adoraram satanás
Como discípulos do Anticristo.

A ORAÇÃO DOS AIS
03/03/2021

Ecoem os nossos ais nos Céus
Para que o fardo que nos consome
Venha a abandonar o nosso peito
E que seja disperso na eternidade
A fim de dissipar-se o véu
Que a Santa mão com alegria remove
Para oferecer-nos nossas recompensas
E assim todos nós imploramos
Que o bem domine o nosso espírito
E que superemos cada provação
Para herdarmos o lar Celestial.
Amém.

SOCORRO!
06/03/2021

Socorro, alguém nos salve!
Um pirata ri do nosso grito
E numa ilha circunscrito
Torce para que naufrague
O barco cujos passageiros
São milhões de brasileiros
Que não querem morrer
Por isso pedimos socorro
Afastem esse mau agouro
Porque queremos viver.

Socorro, alguém nos acuda!
O Brasil é um errante barco
Que tem um buraco no casco
E barco furado afunda
Também falta capitão
Bússola, remo e timão
Nem mesmo tem velas
E não importa quem somos
Ou no que acreditamos
O mesmo destino nos espera.

Socorro, alguém nos ajude!
Navegamos à deriva
E não há salva-vidas
Que tome alguma atitude
Só nos resta a esperança
De que o barco que avança

Atropele o pirata bruto
E o lance ao alto mar
Porque basta ele afundar
Pra que a gente volte ao prumo.

Homenagem dedicada à minha família mineira.

JARDIM GENEALÓGICO
07/03/2021

Do solo Italiano
Com espírito sonhador
Cruzaram o oceano
Num navio a vapor
Raphaelle e Maria
Com sonhos e fantasias
Nas poucas bagagens
E no Rio fizeram brindes
Ao século vinte
Depois da árdua viagem.

Com as águas minerais
Que jorravam em abundância
Cultivaram em Minas Gerais
Um jardim de esperança
E nele plantaram as flores
Ângelo, Júlio, José, Dolores
Vicente e Adelina
Que também geraram prole
Mantendo assim o nome
Dos pioneiros da família.

Vicente e Ana cultivaram
Muitas sementes em seu jardim
Vinte e dois filhos geraram

Era uma escadinha sem fim
Mas nesses versos cito apenas
A doce Maria Helena
Que casou-se com Alípio
Para formar um novo núcleo
Que deixou este mundo
Um bocado mais bonito.

A Terra ficou mais florida
Com Bernadete, Luciano, José Carlos
Angélica, Marina, Maria Aparecida
Maria das Graças, Edna, Valério, Jairo
Além de Maria José, Cláudio e Anízio
Todos regados com bons princípios
Que os tornaram descendentes
Dignos de orgulhar os ancestrais
Que trocaram a Itália por Minas Gerais
Com o sonho de lançar boas sementes.

Na cidade de São Lourenço
José e Maria Cândida criaram raízes
E transmitiram aos seus rebentos
Os melhores preceitos e diretrizes
Os meninos eram José, Silvio
Rafael, Gil, Arildo
E Antônio Carlos o caçula
E as meninas tão lindas
Eram Ivone, Elza e Nilza
Três delicadas criaturas.

Ivone e Joaquim
Lado a lado como os trilhos
Também formaram um jardim
E nele plantaram oito filhos
Que mantiveram a nobre estirpe
Luiz Carlos, José Henrique
Carlos André e as meninas
Heloisa Helena, Ana Maria
Carmem Lúcia, Cleuza Maria
E Márcia Cristina.

Silvio e sua amada Anna
Plantaram um núcleo familiar
E ela colheu das entranhas
Elisabeth, Marcos e Osmar
E Rafael e Jurema se casaram
Cultivando Aroldo como cravo
E Clarice como uma rosa rara
E Elza e Natal trocaram alianças
Então geraram Andréa, Adriana
Solange e Sandra Mara.

Arildo se uniu à fervorosa Iraci
E juntos escolheram quatro nomes
E seus frutos chamaram-se assim
Sandra, Sônia, Arildo e Simone
Nilza se encantou com Elicardes
E do amor que surgiu no Parque
Nasceram três plantas pequenas
Primeiro Nilcea apareceu

Depois Edivaldo e eu
Que escrevo este poema.

De Nilcea e João surgiu Diego
Que foi colhido por Deus
Ainda muito cedo
Porque tem jardim lá no céu
E Edivaldo com sua Elisabete amada
Tiveram Leonardo, Carolina, Amanda
Hernany e Álvaro e por fim
Eu deixo aqui esses versos
Como sementes neste Universo
Para que também se lembrem de mim.

UTI
13/03/2021

Há cerca de um ano
Tenho testemunhado apelos
Para que o Presidente insano
Demonstre pela vida apreço
Estimulando a vacinação
A higienização das mãos
O distanciamento social
Além do uso de máscara
Mas de forma sarcástica
Ele ri diante do caos.

Mas bastou o ex-presidente Lula
Recuperar seus direitos políticos
Para Bolsonaro e sua turma
Mudarem o comportamento ridículo
Passando a usar máscara em público
Além de utilizar o púlpito
Para recomendar a vacinação
Se Lula tem o poder de corrigir
Uma pessoa má como o Jair
Imaginem o que fará pela Nação.

O Brasil agoniza na UTI
Respirando por aparelhos
E está sedado para não sentir
A dor de tanto flagelo
E só haverá redenção
Quando Jair e Mourão

Entregarem o País enfermo
Nas mãos do único médico
Que sabe ministrar o remédio
Contra o mal do desgoverno.

UM OU OUTRO
13/03/2021

Um faz arminha com a mão
O outro faz um coração
Com os dedos das mãos sofridas
Um incentiva ignorância e morte
O outro estimula a simbiose
Entre conhecimento e vida.

Um simboliza o desrespeito
A intolerância e o preconceito
Contra as minorias da população
O outro representa os braços
Que num infinito abraço
Envolvem todos sem distinção.

Um é o retrato do retrocesso
Que entrega a baixo preço
As riquezas do seu País
O outro tem no currículo
Que sabe tornar seu País rico
E fazer o povo feliz.

Um aglutina toda a maldade
Das pessoas cuja personalidade
Vê nele a chance de expressão
O outro reúne ao seu redor
Aqueles que fazem do amor
O combustível do coração.

Um faz show de horrores
Alegrando os espectadores
Que o aplaudem com gosto
Enquanto o outro desperta saudade
Do tempo em que a felicidade
Estava ao alcance de todos.

MINHA SUGESTÃO
15/03/2021

Se você é contra as medidas restritivas
E acha que máscara não protege
Se não higieniza as mãos como se deve
E adora aglomerações festivas
Se nega o que a ciência ensina
A respeito das vacinas
E só ouve o seu mito
Então preste atenção
Eu trago uma sugestão
Para resolvermos o conflito.

Saia de casa sem máscara
Sem álcool gel nas mãos
Não perca uma aglomeração
Nem ligue para as lágrimas
Que escorrem pelo rosto
Daqueles que velam os corpos
Das vítimas da pandemia
Se recuse a se vacinar
Mas não se esqueça de assinar
No rodapé desta poesia.

Você solenemente declara
Que caso seja contaminado
Abrirá mão de ser tratado
Nas redes pública e privada
Deixando a vaga para quem
Se cuida e cuida também

Dos estranhos e conhecidos
Assim solucionamos o problema
Os ignorantes saem de cena
E os sensatos continuam vivos.

PERFIL HITLERIANO
16/03/2021

Para Hitler as humanas qualidades
Amor, piedade, simpatia e compaixão
Eram sinônimos de debilidade
Fraqueza e submissão
Para ele a passividade e resiliência
Eram hostis à existência
E que para ser livre e sóbrio
Um povo precisa de provocação
Orgulho, obstinação
E principalmente ódio.

Ele era um imitador inveterado
E praticante da procrastinação
Não admitia ser confrontado
Tinha mau humor e depressão
Era muito voltado a si mesmo
E demonstrava desprezo
Por quem a ele se dirigia
Era avesso a conversas
Viciado em guloseimas diversas
E ávido fã de pornografia.

Hitler tinha medo da lógica
E dava respostas evasivas
Inventava explicações estrambólicas
Quando confrontado por jornalistas
Era um péssimo debatedor
E se recusava a se expor

Diante de uma plateia crítica
Também era incapaz de competir
Com quem soubesse conduzir
Uma discussão objetiva.

Hitler ficava nervoso à toa
Perdia a compostura e bramia
Sempre que alguma pessoa
Perguntava algo que ele não sabia
Também ficava apavorado
Quando era convidado
Para falar com intelectuais
Que tivessem opiniões diferentes
Daquelas que sua insana mente
Achava serem verdades cabais.

Hitler era uma mistura de medos
Ansiedades, dúvidas, incertezas
Recriminações, solidão, segredos
E de incontáveis fraquezas
Ele era apenas um psicopata
Neurótico cujas bravatas
Demonstravam esquizofrenia
E mesmo sendo tão louco
Ele seduziu o seu povo
E seduz alguns hoje em dia.

Hitler perpetrou um genocídio
Exterminando grupos que ele odiava
Mas poupou seus amigos íntimos

E os indivíduos da sua raça
Mas ele foi superado
Pelo Presidente Bolsonaro
Cuja insanidade vai mais além
Porque com atitudes toscas
Ele mata a população toda
Inclusive quem ele quer bem.

FAZENDA ILUSÃO
20/03/2021

Era uma vez um cangaceiro
Que tomou a fazenda Ilusão
Ele tinha fama de embusteiro
Que domava boi com sugestão
Bastava chegar perto do bicho
E repetir num cochicho:
Você é um boizão de bem
Ai o animal se curvava
E pra tudo que escutava
Só repetia amém.

Os bois quando dominados
Se tornavam sem noção
Prendiam nos chifres afiados
Camisetas da seleção
E usavam como viseiras
Várias páginas inteiras
Da Santa Bíblia
E nos quatro cascos
Gravavam o recado:
Em defesa da família.

Então comiam ervas daninhas
E arrotavam capim Mombaça
Vociferavam e mugiam
Apesar de usarem mordaça
E com pose de chique
Exibiam os chifres

Como se fossem medalhas
Mas medalhas não tinham
O que no pescoço exibiam
Eram pesadas cangalhas.

Mas num dado momento
Surgiu uma pandemia
E os bichos foram pra dentro
Aonde o cangaceiro dormia
E o viram na rede deitado
Lambendo leite condensado
E dando tiros no ar
Tentando matar os vírus
Até que um dos tiros
Ricocheteou num pilar.

O tiro pegou no pé dele
E ele saiu desesperado
O suor escorrendo na pele
E o dedão pendurado
Então no mato sumiu
Mas a boiada o seguiu
Até um velho esconderijo
E o encontraram ajoelhado
Diante do diabo
Que ria de regozijo.

O cangaceiro se levantou
E fez um apelo ao danado:
Fiz o que o mestre mandou

E dominei o meu gado
Agora peço com fé
Que cure esse dedo do pé
Pra que eu consiga correr
Porque comprei cloroquina
No lugar da vacina
Só pra ver a boiada morrer.

O embusteiro foi curado
Para cumprir sua missão
Deu cloroquina pro gado
Que comeu com satisfação
E sem fazer alarde
Conduziu ao abate
A sua claque bovina
E com ela fez churrasco
Para comemorar o fato
De já ter tomado a vacina.

ALCATEIA
22/03/2021

Não permitamos que a democracia
Tenha limites que a inviabilizem
Se lobos uivam nas pradarias
Muitos rebanhos não sobrevivem
Precisamos afastar os lobos
Antes que fiquem gordos
Por terem devorado as ovelhas
Há de haver um meio
De pormos um freio
No líder da alcateia.

É o líder que com maus conceitos
Estimula a ferocidade dos animais
Se cultiva o ódio em seu peito
Com ódio ele nutre os demais
E uma alcateia enfurecida
Com tendências genocidas
Ataca e mata porque crê
Que existe êxtase na dor
Porque em seu interior
É a morte que a faz viver.

Apliquemos a pena de degredo
Condenando os lobos ao ostracismo
Para que seja afastado o medo
Da morte por negacionismo
E que os lobos sejam substituídos
Por pastores que nos apriscos

Cuidem das ovelhas sofridas
Para que possamos correr livres
Nos campos e planícies
Celebrando a dádiva da vida.

O MANTO DA CORRUPÇÃO
26/03/2021

Moro fez da sua toga
O manto da corrupção
Que escondia as manobras
De lawfare e perseguição
Contra aquele cujo crime
Foi enfrentar quem oprime
E defender os desvalidos
Buscando uma sociedade
Com menos desigualdades
E sem direitos suprimidos.

Com seu martelo
Quebrou o vaso da moral
E apossou-se do libelo
Numa fraude processual
Interferindo nas eleições
O que impediu que multidões
Elegessem Lula novamente
E garantiu a Bolsonaro
Vencer o pleito sem disputá-lo
E tornar-se o pior Presidente.

Primeiro Moro foi juiz
Depois virou ministro
E ao tentar ser mais feliz
Transformou-se num proscrito
Porque fez da Justiça
Uma espada da cobiça

Maculando a magistratura
Que definiu o veredito:
Moro é o bandido
E o mocinho é Lula.

Maculando a magistratura
Que definiu o veredito:

A BÊNÇÃO
27/03/2021

Um dedicado crente
Ia à igreja todo dia
Orar fervorosamente
E muitas coisas ele pedia
Também era agradecido
Pelos apelos atendidos
E pelas várias bênçãos
E se alguém reclamava
Que de pouca saúde gozava
Ele dizia ser bem são.

Quando surgia uma doença
Ele orava com fé total
E Deus com benevolência
O protegia de todo mal
Então a Covid apareceu
E ele sem demora correu
Para a igreja vazia
E orou por dias seguidos
Pedindo para ser protegido
Contra a pandemia.

Por ter fé na Divina providência
Ele só deu ouvidos ao pastor
Rejeitou tudo o que a ciência
Com conhecimento preconizou
E cegado pela ideologia
Deu crédito às teorias

Dos negacionistas ingratos
E crendo na proteção de cima
Ele recusou a vacina
E precisou ser intubado.

De Covid o crente morreu
E foi para o julgamento
E estando diante de Deus
Desabafou entre lamentos:
Senhor fiz tanta oração
Pedindo Sua proteção
Mas o Senhor não me escutou!
Então Deus disse nas alturas:
Escutei sim criatura
Mandei a vacina que você recusou.

O ESTOPIM DO CAOS
02/04/2021

Ele quer se impor
Como líder absoluto
E tornar-se o ditador
Mais cruel do mundo
E para isso procura
Fazer da amargura
O estopim do caos
Para se satisfizer
Ao ver sangue escorrer
No porrete de pau.

Ele quer restringir
Todas as liberdades
Para então instituir
Como única verdade
As suas tolas crenças
E fazer da ciência
A mais pura estultícia
Até ver transformadas
As forças Armadas
Em mais uma milícia.

Ele quer acabar com os vírus
Deixando morrer os hospedeiros
Para assim economizar tiros
Nos opositores brasileiros
E quem porventura sobrar
Poderá testemunhar

A importância do voto sério
Porque ao votar num boçal
Trocaram a urna eleitoral
Pela urna de cemitério.

O HOTEL DE JAVÉ
04/04/2021

O pastor se apossou do céu
E para obter ganhos
Convenceu seu rebanho
A pagar caro aluguel
Para ter lugar no hotel
Que ficava nas alturas
Distante das amarguras
Deste mundo entristecido
Mas de todos era exigido
Que antecipassem as faturas.

Os mais pobres pagavam o dízimo
Mas quem tinha mais proventos
Além dos dez por cento
Ofertar era preciso
Para ser recebido no paraíso
Com translado do aeroporto
Depois que estivesse morto
E ingressasse na eternidade
Para usufruir da comodidade
De uma suíte com conforto.

Para o pastor não havia crise
Quando a coleta era pífia
Ele ameaçava com a Bíblia
E logo enchia a valise
E os irmãos saíam felizes
Indo para casa a pé

Crendo que sua fé
Faria valer a pena
Sofrer na vida terrena
Em prol de viver com Javé.

Ele teve uma vida abastada
Lucrando em nome de Deus
Até que um dia morreu
E se viu subindo uma escada
Se olhou mas não viu nada
Porque agora era só energia
E para aumentar a agonia
Não havia hotel nenhum
Apenas um bando de urubus
Cujas asas de fogo ardiam.

Eram os urubus do diabo
Que separavam o joio do trigo
Deixando de lado os dignos
Que por anjos eram levados
Mesmo sem terem pagado
Por quartos no hotel de mentira
Porque ninguém põe nem tira
Coisas no Reino infinito
Onde todo mundo é espírito
Que em cama não se estira.

Os urubus lançaram o pastor
Na toca de satanás
E o tinhoso disse: Rapaz

Você me superou
Fingindo servir ao meu opositor
Passou a vida fazendo trapaças
E com falsas promessas e ameaças
Vendeu o que nunca foi seu
Eu não posso lhe dar o céu
Mas o inferno lhe dou de graça.

DOCE COLO
07/04/2021

No aconchego do seu colo
Sucumbo ao profundo sono
E os movimentos dos meus olhos
Testificam os meus sonhos
Enquanto meus lábios risonhos
Revelam sonhos alegres
E você nem se atreve
A mover um dedo sequer
Porque como sensível mulher
Sabe que bons sonhos são breves.

O calor da sua pele
Me traz tanto conforto
Que minha alma se despe
Como árvore no outono
Cujas folhas criam adornos
Para os seus pés delicados
E deixam o chão decorado
Como um tapete fragrante
Com perfume inebriante
Que me deixa enfeitiçado.

Sua respiração suave
Refrescante como bruma
Me faz recordar as fases
Que criaram suas rugas
As quais são testemunhas
De que nessa silente noite

Durmo no colo que trouxe
Consigo a antiga doçura
Que fez dessa mulher madura
Dentre todas a mais doce.

Abro os olhos e a vejo
Com um sorriso franco
E entre afagos e beijos
Conto seus cabelos brancos
Que como por encanto
Se unem aos raios da lua
Que a deixam toda nua
Para que o amor se faça
Porque a Lua por pirraça
Toma o amor e o perpetua.

PÁTRIA PÁRIA
14/04/2021

Debruçados nos peitoris
Das escancaradas janelas
Gritavam: 'O meu País
Não será uma Venezuela'
E aquela gente enfurecida
Colocou um genocida
Como líder da Pátria
E agora todos calados
Veem o Brasil transformado
Num indesejado pária.

Por temerem que o Brasil
Virasse uma nova Cuba
Elegeram o imbecil
Que encantava turbas
Mas bastou ele assumir
Para o povo descobrir
Que abusou da sorte
Porque com o cetro na mão
Quase transformou a Nação
Numa Coreia do Norte.

Essa gente brasileira
Que gritou na minha orelha:
'A nossa bandeira
Jamais será vermelha'
Hoje em dia se constrange
Ao ver que foi sangue

Que as quatro cores cobriu
E agora pagamos o preço
De ver o mundo ter medo
De virar um Brasil.

Aconteceu, virou poesia.
Eduardo de Paula Barreto

Que as quatro cores cobriu
E agora pagamos o preço

Homenagem dedicada à minha querida mãe Nilza Maria de Paula Barreto, pelos seus 84 anos de vida.

PARA NILZA
16/04/2021

Houve um tempo em que eu
Disputava com outros órgãos
Espaço no corpo que Deus
Me deu como santo invólucro
E como pequena semente
Germinei naquele ambiente
Onde os dias eram felizes
Até que floresci neste mundo
Deixando no solo fecundo
As minhas eternas raízes.

Deixei o vaso sagrado
Para desabrochar nesta vida
Assim tornei-me um cravo
Tendo uma rosa como guarida
Ela ofereceu-me sombra
E até aparou as pontas
Dos seus espinhos
Para não me machucar
Na hora de abraçar
Os meus frágeis raminhos.

Rosa rara que me gerou
E me ungiu com seus olores
E que em mim polinizou
O maior de todos os amores
E que para sempre será
A fonte aonde irei buscar
Inspiração para os refrães
Que usarei para exprimir
A gratidão por poder florir
No jardim da minha doce mãe.

O EMISSÁRIO DA MALDIÇÃO
22/04/2021

Essas chagas que a gente tem
Foram causadas pelas mãos
Do emissário da maldição
Que se dizia homem de bem
E tais feridas foram além
Dos limites do nosso corpo
Transformando nós todos
Em pessoas deprimidas
Que temem virar estatística
Na contagem de mortos.

Onde estarão nossas lágrimas?
Não as vemos mais cair
Hoje choramos sem sentir
Aquelas gotas tão cálidas
Que como santa dádiva
Aliviavam a nossa dor
Mas agora só o temor
Escorre em nossa pele
E sem piedade fere
O nosso corpo interior.

Temos a chance de redenção
Para as dores do nosso espírito
Basta usando o livre-arbítrio
Escolhermos o lado da razão
E fazermos da dor motivação
Para seguirmos em frente

Deixando de ser indiferentes
Diante do caos que se anuncia
Queremos vacina para a pandemia
E para Bolsonaro o impeachment.

A CPI DA CURA
27/04/2021

Ele negligenciou e desacreditou
A eficácia da Coronavac
E todo tempo negou
Que a pandemia fosse grave
Desestimulou as medidas restritivas
E demonstrou desapreço pela vida
Ao promover remédios inócuos
O que agravou a doença
Porque sem científicas evidências
Tais drogas aumentaram os óbitos.

Ele retardou o enfrentamento
À dura crise no Amazonas
E em nenhum momento
Deixou a sua poltrona
Para promover campanhas
Que inibissem a sanha
Do vírus mortal
E também não foi guia
Do combate à pandemia
Em âmbito nacional.

Ele entregou o controle
Do Ministério da Saúde
A despreparados gestores
Oriundos da sua trupe
E deu tratamento banal
Ao auxílio-emergencial

Que virou auxílio-tétrico
E comprometeu o trabalho
Ao impedir que empresários
Tivessem acesso ao crédito.

Da pandemia fez política
Usando a vida como chantagem
E ignorando as críticas
Não estimulou a testagem
E deixou faltar insumos diversos
Usados para salvar os enfermos
Que se tornaram vítimas
Do cruel chefe da Nação
Que ri dos corpos no chão
Dos hospitais e tribos indígenas.

Ele atrasou a instalação
Do Comitê de Combate à Covid
Não criou planos de comunicação
De enfrentamento ao mal que persiste
E recusou milhões de doses
Da vacina da Pfizer que hoje
Tem salvado muitas vidas
E assim ele transformou
O Brasil em exportador
De cepas mais agressivas.

A pior cepa é a federal
Que se alimenta de fake News
E que se mostra a mais letal

Contra a saúde no Brasil
Porque ela infecta a crença
Fazendo crer que na presidência
Esteja uma figura divina
Mas a verdade nos libertará
O vírus Bolsonaro não suportará
A CPI que é a melhor vacina.

Homenagem dedicada à minha querida mãe Nilza Maria de
Paula Barreto.

MINHA GUIA
10/05/2021

Sem saber se eu a desejaria
Ela ansiosamente me desejou
E sem saber se eu a amaria
Quando visse a sua fisionomia
Ela intensamente me amou.

Sem saber se eu seria grato
Dores intensas ela suportou
Desde o momento do parto
Até quando com o peito rachado
Chorando me amamentou.

Sem saber se eu entenderia
Ela chamou-me à atenção
Me preparando para o dia
Em que eu não poderia
Contar com a sua proteção.

Sem saber se dela eu cuidaria
Com sacrifícios me cuidou
Foram tantas as noites frias
Em que enquanto eu dormia
Ela se fez de cobertor.

Aconteceu, virou poesia.
Eduardo de Paula Barreto

Sem saber se o tempo faria
Eu esquecer o bem que me fez
Ela seguiu sendo minha guia
E hoje eu digo com alegria:
Deixa mãe, agora é a minha vez.

SEM FÔLEGO
20/05/2021

Fazem do sorriso escudo
Para disfarçar o rosto sofrido
E para proteger do mundo
O coração tão deprimido
Que foi ao fundo do poço
Levado pelo desgosto
Por tantas notícias ruins
Que banalizam a morte
Causando dor tão forte
Que parece não ter fim.

O descaso dos governantes
Com a saúde pública
E a crueldade constante
Dos que ignoram as súplicas
Das vítimas da injustiça
Praticada pelas milícias
Que matam por prazer
E da ganância desmedida
Que transforma a vida
Em coisa para se vender.

Talvez a desesperança
Insista em se ajoelhar
Sobre a nossa garganta
Nos fazendo sufocar
Mas mesmo sem fôlego
E com passos trôpegos

Vamos nos dar as mãos
Porque o melhor antídoto
Para a dor do espírito
Ainda é a união.

VACHINA
23/05/2021

Para os progressistas
Ditadura nunca mais
E para os direitistas
Ditadura nunca, mas
Se acharem necessário
Oprimir adversários
Se lembrarão das varas
Que usavam para fazer
Muito sangue escorrer
Nos velhos paus de arara.

Para os de esquerda
É Brasil acima de tudo
E para os de direita
É Brasil em cima de todos
Os que morreram
Porque não tiveram
Acesso à vacina
Que foi desprezada
Pela mente lesada
Que a chamou de vachina.

Foi assim desde a antiguidade
E para sempre assim será
Todos conheceremos a verdade
E a verdade nos libertará
Das influências negativas
Daquele ser que ceifa vidas

Com suas mentiras absurdas
E testemunharemos no final
Que o bem sempre vence o mal
Porque a mentira tem pernas curtas.

IMUNIDADE DE REBANHO
04/06/2021

Um lobo está nos arredores
Solto, matando os cordeiros
Enquanto covardes caçadores
Fingem não percebê-lo
Assim se tornam coniventes
Com aquelas garras e dentes
Que com sangue dão banho
Alguns caçadores são omissos
Mas outros têm compromisso
Com a mortandade do rebanho.

Eles deixam o lobo comer
Até não aguentar mais
Esperando com isso poder
Salvar os outros animais
E os que apoiam a estratégia
Fogem da enorme tragédia
Se escondendo em abrigos
Todos querem sobreviver
Mas ninguém quer ser
Cobaia do método sugerido.

O lobo só segue atacando
Porque tem suporte de gente
Que tem estrelas nos ombros
E se curva a inferiores patentes
Ele também tem cúmplices
Que estão sempre sub judice

Por terem a moral decaída
Que tal todo esse povo
Se tornar cobaia do lobo
Na imunidade coletiva?

NOSSAS CRUZES
12/06/2021

Quando a cruz que você carrega
Lhe causa tristeza e muita dor
Se ajoelhe e olhe para ela
Como se fosse um andor
Sobre o qual se materializa
A certeza de que nesta vida
Nada acontece por acaso
E que as lágrimas que hoje rolam
Tomam o andor e o transportam
Como um barco rumo ao passado.

Quando a cruz dobra seus ombros
E produz úlceras em sua pele
Despertando terrível assombro
Que até mesmo a alma fere
Tente vê-la como um casulo
Onde uma lagarta no escuro
Sofre as dores da mutação
Como condição para libertar-se
Das limitações do cárcere
E alçar voos na imensidão.

Quando a cruz curva sua cerviz
E atrai pensamentos pessimistas
Lembre-se que às vezes ser feliz
É só questão de ponto de vista
Porque é a dor da poda
Que faz com que as rosas

Surjam ainda mais bonitas
Então são as nossas experiências
Que fazem da nossa existência
O prelúdio para eternas conquistas.

O GRANDE VERBO
26/06/2021

O verbo amar só tem sentido
Quando por nós é conjugado
Caso contrário vira substantivo
Contemplativo e abstrato
E por ser verbo transitivo direto
Ele sempre exige um objeto
Para que se identifique o sujeito
Da frase escrita na tez
Daquela pessoa que fez
Planos de um amor perfeito.

O verbo amar para ter valor
Precisa reunir outros elementos
Para com eles compor
A linguagem dos sentimentos
Por isso tem que estar atrelado
A adjetivos e predicados
Que o tornem contundente
Ele aceita sujeito oculto, simples
Composto, mas acha um acinte
O indeterminado ou inexistente.

O verbo amar requer altruísmo
Comprometimento e abnegação
Caso contrário vira sofismo
Para enganar um coração
E ele se torna ainda mais nobre
Quando os amantes descobrem

Que tal verbo os leva ao nirvana
Quando o seu poder transformador
Consegue despertar o autoamor
Naquela pessoa que se ama.

VAI QUE É TUA, POVARÉU!
05/07/2021

Fico em casa comendo pipoca
Enquanto assisto à televisão
Vendo gente que até fica rouca
De tanto gritar na manifestação
E sei que sou criticado por todos
Por ficar aqui no meu conforto
Enquanto o povo vai às ruas lutar
É que eu já lutei por anos
Para não eleger o miliciano
E quem votou nele que o tire de lá.

Se você plantou ervas daninhas
Se apresse para limpar o jardim
Por ter sido besteira sua não minha
Não venha botar a culpa em mim
E se você ajudou a chocar o ovo
Não adianta ficar pedindo socorro
Depois que o dragão veio pra fora
Crie coragem e invada a floresta
Para ver se encontra a besta
E a coloque numa gaiola.

Já que você fez a escolha errada
E agora está arrependido
Não espere de mim mais nada
Além de um ombro amigo
E não fique aí parado
Chorando pelo leite derramado

Porque esse caos é culpa sua
Então se você deseja o perdão
Existe apenas uma solução
Pegue a bandeira e volte às ruas.

Porque esse caos é culpa sua
Então se você deseja o perdão

O APOCALIPSE
16/07/2021

Qual foi o nosso pecado
Para tamanho castigo?
Enviaram o Messias errado
Um Messias bandido
Que montado no dragão
Da hipocrisia e corrupção
Provocou o maior eclipse
Ao encobrir a luz celeste
A fim de espargir a peste
Antecipando o apocalipse.

Fingindo ser alguém de bem
Ele ilude incautos e ignorantes
Que não conseguem ver além
Dos limites do semblante
Daquele que se passa por ovelha
Mas que exibe as grandes orelhas
Que revelam tratar-se de um lobo
Cujas presas de ódio rangem
Enquanto escorre o sangue
Das vítimas do grande engodo.

Mas o Criador que tudo vê
Não permitirá que prospere
O projeto do desprezível ser
Que com a morte fere
E antes que ele seja
Bem-sucedido em suas pelejas

Deus o envergonhará nesta Terra
E o lançará na eterna fornalha
Porque o mal vence batalhas
Mas nunca vence as guerras.

ESCUDO D'ÁGUA
01/08/2021

As nuvens escondem segredos
Minúsculos transparentes rochedos
Aglutinados em perfeita harmonia
Que formam um enorme escudo
Intransponível e escuro
Que transforma em noite o dia.

Nuvens cruéis e impiedosas
Que nas tardes tempestuosas
Despertam profunda depressão
E com espadas flamejantes
Riscam os céus que retumbantes
Rufam tambores de trovão.

Nuvens cuja crueldade
Vai além das escuras tardes
Que causam dor emocional
E para roubarem as lágrimas
Elas lavam as faces estáticas
Que choram sob o temporal.

Mas o império da escuridão
Se desintegra numa explosão
Fazendo com que tudo brilhe
E com seus tentáculos de luz
O Sol rasga o escudo e o reduz
A moldura de arco-íris.

CHOROS E SORRISOS
07/08/2021

Quando tudo está bem
E a saúde está perfeita
Quando o dinheiro que tem
É satisfatória receita
E quando familiares
Se juntam em jantares
Para saborear vários pratos
Olhe para o infinito
E enriqueça o seu espírito
Demonstrando ser grato.

Mas quando tudo vai mal
E a saúde está comprometida
Quando a carência material
Tira o brilho da vida
E quando pessoas amadas
Se afastam dissimuladas
Fingindo não ouvir seus apelos
Eleve os seus olhos aos céus
E pelas lições que aprendeu
Agradeça de joelhos.

Quando passa a tristeza
Chega a felicidade
Que dura até que seja
A hora de outra adversidade
E assim seguimos vivendo
Entre dores e contentamentos

Entre choros e sorrisos
Até que tudo acabe
E nós na eternidade
Possamos rir de tudo isso.

TARDIO AUXÍLIO
13/08/2021

Não ofereça o seu guarda-chuva
Depois que a tempestade passou
Não ofereça ao morto na rua
O aconchego de um cobertor
Também não ofereça pão
Ao faminto que não
Suportou a falta de comida
E não faça homenagens póstumas
Àquelas pessoas próximas
Que você ignorou em vida.

Não ofereça tardio auxílio
Às pessoas desamparadas
Que suportaram martírios
Sem você ter feito nada
Não ofereça unguentos
Para quem curou ferimentos
Enquanto você dormia
Também não ofereça orações
A quem enfrentou tribulações
Enquanto você se omitia.

Porque as melhores intenções
Só adquirem algum valor
Quando encontram nas ações
O poder transformador
O seu guarda-chuva ofereça
Durante as chuvas intensas

E o cobertor a quem possa se cobrir
Ofereça comida a quem pode
Saciar a terrível fome
Para à fome não sucumbir.

Homenageie quem ainda
Pode agradecer os aplausos
E auxilie quem precisa
Superar difíceis percalços
Aplique unguentos nas feridas
Que estão abertas e doloridas
E só ofereça as suas preces
Depois de ter se esforçado
Para fazer com que os fardos
Se tornassem mais leves.

O TALIBÃ TUPINIQUIM
21/08/2021

Só mesmo com blefe
Para continuar chefe
Desta sofrida Nação
Se não causar balbúrdia
Logo estará na Papuda
Ou em outra prisão.

Com o caos pretende
Se manter Presidente
Mudando o regime
Por isso todo dia
Despreza a democracia
E comete vários crimes.

Quer o golpe pois assim
Criará o Talibã tupiniquim
Para impor sua ignorância
E realizar o sonho doentio
De transformar o Brasil
Na Meca da intolerância.

Assim todos terão armas
Para resolver tudo à bala
E o regramento legal
Terá como fundamento
O Velho Testamento
Na concepção literal.

As mulheres não terão curvas
Porque com burcas
Esconderão o corpo
E todas serão tratadas
Como frutos de fraquejadas
E como escória do povo.

Quem ousar se opor
Ao regime do ditador
Receberá uma bala na testa
E quem sobreviver
E a ele se submeter
Receberá a marca da besta.

LUA DE BABY DOLL
06/09/2021

Quando as noites ficam escuras
É porque a Lua foge no espaço
Para chorar sem que possam vê-la
Porque ela odeia ver as estrelas
Piscando para o seu Astro.

Quando as noites ficam claras
É porque ela veste o baby doll
Mais transparente e elegante
O que a torna tão provocante
Que deixa todo aceso o Sol.

Quando as noites ficam longas
O que acontece não sei
Só sei que gotas de vapor
Formam um ninho de amor
Para a Lua e o Astro-rei.

E quando o dia amanhece
O Sol sobre a Terra flutua
Espalhando seus raios quentes
Enquanto isso lá no oriente
Espera por ele a Lua.

7 DE SETEMBRO
08/09/2021

Dia sete de setembro
O povo aglomerado alerta:
Estamos nas ruas querendo
Inspirar a variante delta
Em homenagem a Bolsonaro
E assim estimulá-lo
A não abrir mão do golpe
Porque pode ser pela pandemia
Pela fome ou carestia
Ele ainda nos levará à morte.

Ao invés de comer feijão
A gente prefere comer fuzil
E ao invés de chamar de Nação
A gente quer chamar o Brasil
De república de bananas
Tendo na presidência da Câmara
O generoso Queiroz
E na presidência do Senado
Roberto Jefferson bem armado
E Bolsonaro como ditador atroz.

Abaixo as máscaras, vacinas
Gasolina e gás baratos
A gente agora é da quadrilha
De milicianos do Estado
E colocaremos no Supremo
Onze ministros que tiraremos

Das prisões de segurança máxima
E a nova Nação brasileira
Terá como sua bandeira
O lindo símbolo da suástica.

O DNA DO MAL
16/09/2021

Com espanto de pesadelo
Testemunho discursos insanos
Feitos por seres desumanos
Que pelos cabelos
Seguram a cabeça
Da vítima que reza
Enquanto eles a ferem
E o Deus que a ouve
No alto se comove
Mas em nada interfere.

Nas disputas covardes
O mal se fortalece
Porque o bem perece
Diante da crueldade
Morre a pessoa digna
Enquanto vive a vida
O ser vil e irracional
Que vai se reproduzindo
E assim transferindo
O seu DNA do mal.

Tal seleção natural
Perpetua o maligno
E joga no abismo
O avanço moral
Assim a espécie humana
Que de ódio se inflama

E ao retrocesso se entrega
Logo voltará às origens
Tirando da caça seus víveres
E se abrigando em cavernas.

REALIDADES FICTÍCIAS
17/09/2021

Caíram as torres gêmeas
E com desculpas ingênuas
O Tio Sam invadiu o Iraque
Para matar Saddam Hussein
E se apropriar do bem
Que move o seu Cadillac.

Surgiu a crise imobiliária
E americanos com suas tralhas
Foram jogados ao relento
E o Tio Sam invadiu
A Líbia e a destruiu
Para roubar seu ouro negro.

Descobriram o pré-sal no Brasil
E o Tio Sam tramou um ardil
Nas entranhas do Capitólio
E usando um mercenário juiz
Mandou para a prisão o Luiz
Para roubar o nosso petróleo.

Com fake news e manifestações
Convenceram dezenas de milhões
De que com Jair Bolsonaro
Seríamos uma grande potência
Mas logo tomamos ciência
De que ele era um vassalo.

O Tio Sam é especialista
Em criar realidades fictícias
Mas a nós não mais ilude
Porque suas falsas verdades
Merecem a credibilidade
Das verdades de Hollywood.

NOVELO DE LÃ
22/09/2021

O dia de hoje
Só dura até amanhã
Como se o tempo fosse
Um novelo de lã
Que deixa de ser novelo
Quando alguém com zelo
O transforma em luvas
Fazendo com que os fios
Agora afastem o frio
De quem as usa.

A primavera só dura
Até chegar o verão
Cujo calor que perdura
Por toda a estação
Se rende ao outono
Que passa a ser dono
De um pedaço pequeno
Do tempo que urge
Até que ressurge
O frio do inverno.

Em nossa alma existem
As quatro estações
E todas elas exigem
Algumas adaptações
Florimos na primavera
E no verão a gente gera

As emoções mais incríveis
E no outono somos folhas
Que aquecem como colcha
No inverno as nossas raízes.

As emoções mais incríveis
E no outono somos folhas
Que aquecem como colcha

Homenagem dedicada à minha sobrinha-neta Valentina Lopes Barreto.

A FLOR MENINA
25/09/2021

De repente é primavera
Vejo surgir tantas flores
Verdes, brancas, amarelas
São tão variadas cores
Que fazem os querubins
Descerem aos jardins
Para misturar suas asas
Com as pétalas cheirosas
Das begônias e rosas
Que por Deus foram plantadas.

Bem no centro do canteiro
Entre gardênias e orquídeas
Vejo no cume do outeiro
Uma flor desconhecida
E encontro ao lado dela
Revolvendo a fofa terra
Vários seres alados
Que a transplantam do solo
Para o aconchego do colo
De Cristiane e Leonardo.

No terno colo ela floresce
Com exuberância e vigor
E todas as flores percebem
Que ela foi nutrida com amor
E com curiosidade enorme
Perguntam: Qual é o nome
Dessa linda flor menina?
Então os querubins se unem
E anunciam sobre as nuvens:
O nome dela é Valentina.

O SOLO BRASILEIRO
04/10/2021

O solo brasileiro aceita
As sementes que recebe
Nele uma planta cheira
Nele outra planta fede
Ele nutre as escolhas
Para que se colha
Do plantio da cidadania
A fruta mais saborosa
Que surge na frondosa
Árvore da Democracia.

A Democracia é uma planta
Que precisa ser cuidada
Não pode viver à sombra
Nem cercar-se de pragas
Ela requer que sentinelas
Atentos zelem por ela
Com toda a lealdade
E a mantenham regada
Com a água captada
Da fonte da liberdade.

A Democracia que cultivamos
Ostenta folhas verdes
E tem amarelos ramos
Onde flores azuis se perdem
E suas raízes brancas
Mantêm viva a planta

Cujo caule se enverga
Diante dos vendavais
E das chuvas torrenciais
Mas nunca se quebra.

COICES
10/10/2021

Fui xingado de comunista
Comedor de mortadela
E ouvi dizer na Paulista
Que o Brasil viraria Venezuela
Caso a esquerda tivesse
Mantido Dilma Rousseff
E ganhado a disputa de dezoito
Mas o que hoje se testemunha
São muitas pessoas nas ruas
Buscando um pedaço de osso.

Fui xingado de apoiador
De pessoas sem decoro
Por não reconhecer valor
Nas atitudes de Moro
Mas hoje todos reconhecem
Que tudo foi só um blefe
Para beneficiar os americanos
E entregar Brasília
Nas mãos da família
Formada por milicianos.

Fui xingado de estúpido
Por pessoas inteligentes
Que escolheram um corrupto
Para ser seu presidente
E agora passam a vida
Procurando justificativas

Para os seus crimes odiosos
Enquanto durmo bem as noites
Quem me xingou recebe coices
Das patas do remorso.

O DEUS DESTE MUNDO
12/10/2021

Desde o início dos tempos
O imaginário humano
Tem dado acolhimento
Ao sagrado e ao profano
O bem e a luz provêm de Deus
Enquanto o mal e o breu
Provêm de satanás
E assim segue a humanidade
Utilizando a religiosidade
Para justificar o mal que faz.

Em nome de Deus tem-se matado
E cometido barbaridades
E o diabo tem sido culpado
Pelas humanas iniquidades
Tantas pessoas viraram carvão
Nas fogueiras da inquisição
Por se negarem a rezar
E outros por falta de fé
Na divindade de Maomé
Morreram em nome de Alá.

Existem apenas dois deuses
Um deles é quem nos criou
E outro que surge das teses
De quem sempre acreditou
No deus das desavenças
Que encontra nas crenças

O ambiente mais adequado
Para fazer a sociedade
Pôr nas irreais entidades
A culpa pelos seus pecados.

O SONHO DO POETA
25/10/2021

O poeta rabiscava o papel
Enquanto devaneava disperso
Imaginando ver um menestrel
Interpretando seus versos
E conforme escrevia
Cada verso absorvia
Suas emoções contidas
Mas que ficavam sufocadas
Por estarem aprisionadas
Naquelas folhas sem vida.

Mas certo dia ficou grato
Ao saber que seus textos
Ecoariam no teatro
Rico em lustres e afrescos
E com um sorriso na boca
Vestiu sua melhor roupa
E saiu com toda a pressa
Para ver seus versos voando
E como pássaros criando
Ninhos em outras cabeças.

Ele acomodou-se na plateia
Para assistir ao espetáculo
O seu coração saltava nas veias
E a escuridão tornava dramático
Ter que esperar pelo momento
Em que alguém lá de dentro

Mandasse abrir as cortinas
Para que as atrizes e atores
Se transformassem em vetores
Das emoções mais divinas.

De repente as cortinas se abriram
E seus olhos se transformaram
Em espelhos que refletiram
As luzes da ribalta que brilharam
Revelando no centro do palco
O protagonista que num salto
Iniciou a primeira cena
Dançando em rodopios
E causando arrepios
Ao declamar seus poemas.

Da sua boca saíram borboletas
E raios fluíram de suas mãos
Enquanto flores de violeta
Brotaram perfumadas do chão
E do centro da sua testa
Emanaram luzes espessas
Que cobriram os espectadores
Que choraram sem parar
Por poderem testemunhar
Um arco-íris de mil cores.

O arco-íris virou passarela
Ligando o palco ao infinito
E todos caminharam por ela

Enquanto versos eram ouvidos
E no final da caminhada
A plateia viu-se cercada
Por inspirações e canetas
Então tudo ficou claro
O local no qual entraram
Era o coração do poeta.

FRUTAS QUE CAEM
07/11/2021

Quando vemos a queda
De uma fruta madura
Choramos a dor da perda
Mas esquecemos da semeadura
Da qual frutas novas
Surgirão como prova
De que o sopro Divino
Permanece latente
Dentro das sementes
Que aguardam o cultivo.

Das sementes ressurge a vida
Que se expõe às agressões
Das intempéries doloridas
E ao choque das estações
Que obrigam as plantas
A se adaptarem às tantas
Circunstâncias diferentes
Que como se fossem podas
Tomam os galhos e os cortam
Tornando-os mais resistentes.

A vida é uma fruta
Que ao seu tempo cai
Barulho ninguém escuta
Em silêncio ela vai
E deixa como herança
Milhões de lembranças

Semeadas na terra
Para cumprir o seu papel
Em pomares lá no céu
Onde as frutas são eternas.

CADEIRAS VAZIAS
02/12/2021

Na mesa desse Natal
Vejo cadeiras vazias
E taças de cristal
No canto da pia
E na árvore verde
Ao invés de enfeites
Vejo fotos molhadas
Pelas lágrimas de dor
Que a COVID causou
Nas almas enlutadas.

Vejo presentes comprados
Que nunca serão entregues
E lábios ressecados
Que não matarão a sede
De beijar os amados entes
Que partiram bruscamente
Deixando lacunas na vida
Daqueles que choram
Pelos que se foram
Sem direito a despedida.

Haverá presenças ausentes
Que nos encherão de saudade
Serão ausências tão presentes
Que o véu da eternidade
Se abrirá para que possamos
Abraçar aqueles que amamos

E assim curarmos o trauma
Porque finalmente descobriremos
Que o amor é a vacina que temos
Contra a separação das almas.

FÊNIX
07/12/2021

Aqui estamos nós
Concluindo mais um ciclo
Entre contras e prós
O saldo foi positivo
O amor não foi derrotado
Pelo ódio perpetrado
Pelas criaturas do mal
A tolerância não sucumbiu
Ao preconceito que se viu
Nas pessoas de falsa moral.

Nem toda riqueza do Brasil
Passou a ser dos estrangeiros
Nem toda mata, solo ou rio
Virou quintal dos garimpeiros
Nem todo sonho autoritário
Deixou o mundo imaginário
Para tornar-se realidade
Nem toda tentativa de esconder
Os crimes das pessoas do poder
Conseguiu ocultar a verdade.

Nem toda desilusão
Suplantou a esperança
Nem toda educação
Rendeu-se à ignorância
Nem toda insensibilidade
Eliminou a humanidade

Que habita no ser humano
Nem toda desgraça
Conseguiu tirar a graça
Deste conturbado ano.

Como a fênix imolada
Ressurgimos das cinzas
E com forças renovadas
Voamos mais alto ainda
E lá das alturas
Vemos as agruras
Dissipando-se no ar
Então mergulhamos
Porque o próximo ano
Anseia nos ver voar.

VEREDAS
13/12/2021

Da fruta pisada surge o vinho
Do casulo destruído, a seda
Do mato amassado no caminho
Surgem as mais lindas veredas
E na tenebrosa escuridão
Surge o Sol com o clarão
Tão intenso como se fosse
Brilhar indefinidamente
Mas ele se põe calmamente
Para que a Lua traga a noite.

Cada momento que passa
Leva pedaços da vida
As nossas rugas são mapas
Das experiências vividas
Que em nós repousam
Como os riscos na lousa
Da melhor sala de aula
E conforme passam os anos
Aos poucos nos tornamos
Menos matéria e mais alma.

O tempo aliado às intempéries
Muda a forma das rochas
Transforma em fósseis estéreis
As verdes árvores frondosas
E também muda a todos nós
Até que voltemos a ser pó

E possamos nos dar conta
De que fomos criados por Deus
E que ao tempo Ele nos submeteu
Porque não somos obras prontas.

Aconteceu, virou poesia.
Eduardo de Paula Barreto

O TREM DA VIDA
20/12/2021

É hora de arrumar as malas
Porque logo chegará o trem
E para não sobrecarregá-las
Leve só aquilo que faz bem
Largue as mágoas num canto
Para que aquele velho pranto
Que causou-lhe grande aflição
Não deixe as malas tão pesadas
Que você não possa levá-las
Até ao trem na estação.

Também não guarde fracassos
Decepções nem tropeços
Para que não falte espaço
Para os segredos do sucesso
E também não acomode
Aquelas vibrações pobres
Dos corações antidivinos
Para que consiga obter
Paz de espírito ao desfazer
As suas malas no destino.

Durante a longa viagem
Encoste-se na janela
E olhe a linda paisagem
Que fica passando por ela
Mas evite olhar para trás
Porque o passado jamais

Deixa a linha mais limpa
E siga com fé e esmero
Porque além de passageiro
Você é o maquinista.

Deixa a linha mais limpa
E siga com fé e esmero
Porque além de passageiro
Você é o maquinista.

ROLEX E TODDY
22/12/2021

Haja caviar na mesa do rico
E jatinho na ampla garagem
No pulso Rolex autêntico
E no rosto cara maquiagem
Mas que não falte ao pobre
Pão com manteiga e Toddy
E todo alimento nutritivo
Que tenha roupa, estudo
Transporte, lazer e tudo
Que para viver for preciso.

Que enquanto o rico viaja
Para os Alpes Suíços
O pobre pegue as malas
E vá visitar Padi Cíço
Ou dê um pulo na praia
Para molhar o short ou saia
Caminhando feliz e livre
O que não pode acontecer
É só o rico poder viver
Enquanto o pobre sobrevive.

Que enquanto o rico conta
Os milhões que tem no banco
O pobre pague suas contas
E veja que sobrou um tanto
Para suprir outras carências
Porque pode haver diferenças

Casas suntuosas e cabanas
Mas que nenhuma família
Viva abaixo da linha
Da dignidade humana.

O BOBO REI
22/12/2021

Derrubaram a ponte
Que nos ligava ao futuro
E com enorme desplante
Erigiram um muro
Mas que desmoronou
Porque se sustentou
Sobre alicerce torpe
E o povo escolheu
Como rei dos plebeus
O bobo da corte.

Com seu dedo indicador
Simulou cano de arma
E com ele indicou
O caminho das valas
E tal triste prenúncio
Tornou-se anúncio
Da perda de vidas
E o bobo sem clemência
Desacreditou a ciência
Para fazer novas vítimas.

Mas todo mal
Se autodestrói
E o bem no final
Se reconstrói
Até que a justa lei
Lance o bobo rei

Na fria masmorra
E assim permita
Que o grande estadista
Recupere a coroa.

Na fria masmorra
E assim permita
Que o grande estadista

Outros livros do autor:

01-Meus pensamentos, nossos mistérios.
02-Meus aforismos.
03-Eu voto 'sim', Sr. Presidente.
04-Amor, doce veneno.
05-Fazendo lambanças.
06-Cotidiano.
07-Animus.
08-O poetizador.
09-Poetizando a natureza.
10-O manipulador de emoções.
11-Argumentos.
12-Manchetes e versos.

Contato:

Eduardo de Paula Barreto
E-mail: eduardodepaulabarreto@gmail.com

www.ingramcontent.com/pod-product-compliance
Lightning Source LLC
Chambersburg PA
CBHW050333160726
48002CB00001B/291